도쿄 윤카페

# 도쿄 윤카페

초판 1쇄 발행 | 2023년 10월 27일

지은이 | 윤영희
펴낸이 | 정태준
편집 | 자현, 엄기수
디자인 | 정하연
펴낸곳 | 책구름 출판사
출판등록 | 제2019-000021호
전화 | 010-4455-0429
팩스 | 0303-3440-0429
이메일 | bookcloudpub@naver.com
블로그 | blog.naver.com/bookcloudpub
카페 글비배곳 | cafe.naver.com/knowledgerainschool

ⓒ 윤영희, 2023
ISBN 979-11-92858-10-4 (03320)

진짜 나를 찾아가는 소자본 창업기

# 도쿄 윤카페

윤영희 지음

책구름

# 창업으로 시작하는
# 제3의 인생

"한 달에 500만 원씩 따박따박 들어오면 얼마나 좋을까요?"

전업주부의 황금시간대인 오전 11시. 도쿄의 한 카페에서 브런치를 먹고 있었다. 함께 있던 30대 젊은 엄마 J가 한숨과 함께 내뱉었다. 한국에서 초일류 대학과 대학원 과정까지 마쳤고 능력과 의욕과 젊음으로 무장된 그녀마저도 외국 살이와 육아로 인한 경력 단절 앞에서는 맥을 못 추었다. 그녀를 이해하는 한편, 당시 40대 중반을 훌쩍 넘긴 나는 이런 생각을 했다.

'아직 젊으니까 500까지 꿈꾸는구나. 나는 300만 받아도

진짜 열심히 일할 자신 있는데.'

그때는 40대인 나도 열심히만 하면 정직원으로 써줄 직장이 나타날지도 모른다는 환상을 남몰래 품고 있었던 것 같다. 사실 일본 사회도 경력 단절의 시기가 길어지면 재취업의 기회를 얻는 것이 매우 어려워진다. 전에 이룬 업적이 아무리 훌륭하다고 해도 마찬가지다. 하물며 나는 외국인 신분에 20년이나 전업주부로 지냈던 중년의 여자다. 당장 쉽게 시작할 수 있는 일은 각종 파트타임 아르바이트 정도일 게 뻔하다.

그런데 어떻게 하다 보니 예전에 만났던 그 젊은 엄마 J가 꿈꾸던 500만 원이 매달 '따박따박' 내 명의로 된 통장에 꽂히는 게 현실이 되어버렸다. 1년 중 가장 대목인 5월과 12월에는 평균 매출의 2배가 넘는다.

현재 우리 가게의 매출은 크게 네 부분으로 나뉜다. 테이크아웃(도시락 판매), 매장 내 수입, 배달 업체 두 곳에서 매달 입금되는 수입, 그리고 한국어 교실에서 들어오는 수강료 수입이다. 주 1회는 완전히 쉬고 주 6회 영업을 기본으로 하루 평균 7~8시간 정도 일한다. 목표했던 대로 40대가 끝나기 전에 온전히 내 힘으로 벌어서 구축한 경제적 자유와 기반이 갖추어졌다.

몇 억, 몇십 억은 우습게 이야기되는 세상이다 보니 고작 이 정도로 책을 쓴다며, 뻔뻔하다고 할지도 모르겠다. 하지만 성공의 기준은 내가 정하는 것이고, 나는 1차 목표인 '직장인 평균 월급보다는 많이 버는 것'을 이루었다. 무리되지 않는 하루 단시간 업무로 월 300~500만 원 정도는 순수익으로 남기고 있다. 2020년 3월에 오픈하고, 이제 만 3년이 지난 우리 가게는 매일, 매주, 매달 각각 정기적으로 들어오는 수입이 있다. 혹시 어느 한 곳의 매출이 줄어든다 해도 운영에 큰 문제가 없는 수입 구조를 공들여 갖춰왔다.

이런 현실보다 더 기쁜 것은 우리 가게가 무한한 성장 가능성을 갖추고 있다는 사실이다. 매달 매출의 편차도 크지 않고, 단골손님이 꾸준하게 늘어가고, 새로운 손님들도 찾아온다. 몇 년 더 성실하게 꾸려가면 오픈할 때보다 매출 규모가 크게 늘 것으로 보인다. 일단, 올해 연말까지는 월 천만 원의 수익 구조를 갖추고자 한다.

이 책은 엄청난 매출을 자랑하는, 나와는 거리가 먼 듯한 창업 성공기가 아니다. 남이 주는 월급보다 내 손으로 조금 더 벌고 싶은 현실적인 창업 사례를 찾는 분들을 위한 책이다. 무엇보다, 부모가 만든 환경에서 보내는 제1의 인생, 결혼과 함께 육아와 살림으로 힘들었던 제2의 인생을 지나,

나 자신이 주인공인 제3의 인생을 창업과 함께 시작하고 도전한 이야기이다.

육아가 서서히 마무리되어가는 40대에, 모국이 아닌 낯선 나라에서 가게라는 새로운 생명체를 낳아 키우며 반짝이는 50대의 문턱을 이제 막 넘어선 '윤카페' 육아 이야기!

그럼, 이제 시작해볼까요?

# ✻ 차 례 ✻

# #2
## 나만의 창업 비결 ─ '넘버원'보다 '온리 원'

# #3

## 창업 후 달라진 것들과 '윤카페'의 미래

# 1

----------------

나는
어쩌다,
창업했을까

# 윤카페

--------------------

이런 가게가 우리집 가까이에 있음 참 좋을 텐데,
하는 생각을 해본 적 없는지?


아이들이 어릴 때 제과 제빵을 취미로
배우러 다닌 것 외엔
전문적으로 요리를 배워본 적이 없었다.
일본에서 20년을 살아온 나에게
어떤 요리를 가장 좋아하냐고 묻는다면
한마디로
이렇게 대답할 것 같다.
'가정 요리!'

# 부모님의 삶,
# 그리고 마무리

길을 잃었다 어딜 가야 할까

열두 개로 갈린 조각난 골목길

어딜 가면 너를 다시 만날까

아이유가 부르고 김이나가 쓴 〈분홍신〉의 한 구절이다. 40대 중반의 내 마음, 내 처지를 그대로 말해주는 노랫말이었다. 20대 내내 열일하며 번 돈의 대부분을 배낭여행에 쏟아부었다. 그러다 일본 여행에서 만난 호기심 많은 일본 청년과 국제결혼을 했다. 그 뒤 2001년 여름부터 2023년인 지금까지 일본에서 살고 있다. 말 그대로 일본은 가깝지만 먼 나라. 한국과는 너무 다른 낯선 문화와 환경 속에서 두 아이의 폭풍 육아와 전업주부로 사는 것이 내겐 쉽지 않았다. 육아와 가사에서 이제 좀 벗어나나 싶을 무렵, 아버지가 몸이 안 좋아지셨다.

장거리 국제 연애도 모자라 장거리 병간호가 2년 가까이 이어졌다. 아이 둘을 남편에게 맡기고 나리타공항으로 허겁지겁 비행기를 타러 가는 일이 일상이었다. 김해공항에 내리면 아버지가 입원 중인 병원으로 곧바로 달려갔다.

나는 작은 여행용 가방 안에 옷 몇 가지와 여권 등을 항상 넣어두었다. 친정에서 연락이 오면, 언제든 그 가방을 들고 바로 공항으로 갈 수 있도록. 남편과 아이들에게도 내가 갑작스럽게 아버지를 뵈러 갈 일이 언제 어떻게 생길지 모른다고 신신당부를 해두었다. 큰아이가 중1, 작은아이는 초등 2학년이었다. 가족끼리 정한 매뉴얼대로 스스로 할 수 있는 일을 각자 맡아 해야 한다는 것을 틈만 나면 각인시키고 연습시켰다.

그리고 그런 때가 와버렸다. 2017년 새해가 막 밝은 무렵이었다. 설마 아직은 아닐 거야, 하며 상상조차 피해왔던 일. 공항에서 장례식장으로 바로 찾아가야 하는 일이 현실이 된 것이다. 그렇게 아버지가 돌아가신 뒤 2년도 되기 전에, 엄마가 난소암 말기 진단을 받고 반년 만에 돌아가셨다. 지금 떠올려도 거짓말 같은 현실이었다.

엄마의 장례식까지 치르고 일본 집으로 돌아온 나는, 현실도 비현실도 아닌 이상한 세계 속에 혼자 남겨진 기분이었다. 고아! 그렇다. 고아가 된 기분이었다. 지독한 외로움과 상실감, 우울감이 나를 잡아먹을 듯이 덮쳐왔다. 아침에 두 아이를 겨우 학교로 보내고 나면 소파에 기대거나 누워 온종일 울며 지냈다. 엄마, 아버지의 고통스러워하시던 마지막 모습이 눈앞에서 지워지지가 않았다. 엄마, 아부지 두 분을 마지막으로 만나고 보내드렸던 순간들은 글로 잘 옮길 수가 없다. 그 과정들을 하나하나 떠올리면 마음이 너무 힘들어 깊이 들어갈 엄두가 나지 않는다. 천천히 내 안에서 다독이고 이해하고 타이르며 홀로 있고 싶었다.

아버지는 40년 가까이 큰 트럭이나 버스를 운전하셨다. 세상 사람들은 그렇게 험하고 고단하고 단순한 일을 하는 사람들을 쉽게 무시했다. 하지만 내가 아버지를 특별하다고 느낄 수 있었던 건, 아버지가 자신의 일을 너무 사랑하고 뿌듯해하셨기 때문이다. 흙먼지에 뒤덮여 지저분하고 험하게 보이기 쉬운 트럭을 아버지는 늘 정성 들여 손수 세차를 하셨다. 반들반들 광이 나게 차를 닦으며 연신 감탄사를 내

부모님의 삶, 그리고 마무리

뱉으셨다.

"와! 너무 멋있제?"

늘 정갈하고 반짝반짝 윤이 나는 큰 트럭을 보며 동료들도 가끔 감탄했고 '나도 한번 타보자'며 우리 아버지의 차를 탐냈다.

그때 나는 깨달았던 것 같다. 작은 일도 스스로 소중하게 여기면 남들도 그렇게 봐주는 날이 온다는 걸. 내가 밥하기와 청소 같은 해도 해도 표가 안 나고 특별히 인정받을 기회도 없는 집안일에 정성을 쏟았던 이유도 이런 아버지의 모습을 어려서부터 보아온 영향이 크다. 오십 고개를 막 넘은 지금도 길을 가다 커다란 트럭이 지나가는 걸 보면 아버지 생각이 난다. 작은 체구로 큰 트럭에 매달려 짐을 싣거나 온 힘을 다해 차를 닦으시던 뒷모습이.

그러다 한번은 높은 트럭 위에서 떨어져 허리를 크게 다치신 일이 있었다. 트럭에 실은 수많은 짐들이 떨어지지 않게 굵은 줄로 사방을 묶다가 실수로 그만 줄을 놓아버린 것이다. 그때 다친 허리 통증은 평생 아버지를 괴롭혔다. 오래 병원을 다니며 수술과 치료를 받았지만 완치되지는 않았다.

아버지의 회사는 우리집 가까이 있었는데, 출근하신 아버지가 트럭에 타고 있는 모습을 학교 가는 길에 가끔 보곤 했다. 신호 대기 중에 잠시 트럭이 멈춰 있을 때 아버지는 무척 괴로운 표정을 지으며 잠시 고개를 떨구셨다. 허리 통증 때문인 것 같았다. 어린 나는 그 높은 트럭 위에서 아버지가 뒤로 떨어지는 상상을 했다. 얼마나 아팠을까. 아버지의 트럭이 멀리 사라지고 난 뒤에도 한참을 그 자리에 우두커니 서서 울었다.

이런 일이 있고 나서도 아버지는 차를 소중히 하는 자신만의 의식 같은 그 일을 멈추지 않으셨다. 엄마는 또 그러다 다칠 거라며 엄청 화를 냈다. 유난히 차를 아끼고 운전을 좋아했던 아버지. 다음 생에는 우리 아버지 같은 분을 귀하게 여기는 세상에 태어나셨으면 하고 간절히 바랐다.

어떤 책에서 돌아가신 부모님에 대해 "지금 내 곁에 없어도 여전히 나를 키우고 계신 분"이라고 표현한 글을 보았다. 아버지에 대한 내 마음도 그렇다. 사는 게 힘들 때마다 아버지의 뒷모습을 떠올리며 마음을 다잡곤 한다.

초기 발견이 어려운 난소암 말기 진단을 받은 엄마와의 마지막은 너무나 갑작스럽고 무서울 만큼 빠르게 흘러갔다. 수술을 받은 후에는 잠깐 희망이 보였고 엄마의 컨디션이 좋을 때면 몇 년은 함께 보낼 수 있겠다 싶었다. 하지만 엄마는 아버지가 돌아가신 뒤 꼭 2년 만인 2019년 4월에

부모님의 삶, 그리고 마무리

우리 곁을 떠났다. 그해가 다 가도록 나는 혼이 빠진 채로 살았다. 어떻게 지내왔는지 잘 기억나지 않을 정도로.

## 눈을 감고 걸어도
## 맞는 길을 고르지

'몇 년에 걸친 장거리 돌봄.'

'어느 정도 컸어도 여전히 버거운 두 아이의 육아.'

'국제결혼과 육아로 단절되어버린 나의 경력.'

'바닥난 체력과 멘탈.'

'정신 차려보니 어느새 40대 후반.'

뭔가 새로 시작해야만 이 무거운 삶의 무게에서 벗어날 수 있을 것 같은데, 도대체 어디서부터 손을 대야 할지 막막하고 답답했다. 잃어버린 나의 길을 어디로 가면 다시 만날 수 있을까. 중년의 외국인 여자가 새로 찾을 수 있는 길이 과연 있기나 할까.

부모님 두 분의 삶이 마무리되는 과정을 곁에서 고스란히 지켜보면서 나는 사람의 나이에 대해 다시 생각하게 되었다. 암 말기의 극심한 고통 중에도 잠깐 컨디션이 좋아지는 엄마에게 물은 적이 있었다.

"엄마, 다시 돌아갈 수 있다면 몇 살 때로 돌아가고 싶어?"

"나? 음, 40대."

"왜 40대야?"

"느그 3남매도 얼추 다 키워놨겠다, 젊을 때보다는 돈도 쪼매 있고, 내 팔다리로 어데라도 갈 수 있제, 뭔들 몬 하겠노. 아이고, 그때가 좋았지."

의외였다. 20대나 10대쯤 젊고 자유로웠던 시절로 돌아가고 싶을 거란 내 예상과는 달리 40대라니. 듣고 보니 그렇기도 한 것 같았다.

나의 두 아이는 여섯 살 터울이다. 그만큼 전체 육아 기간이 길어 힘은 좀 들었지만, 막내가 초등학교는 들어갔으니 이렇게 부모님 병간호하러 며칠씩 집을 비울 수도 있었다. 병원에서 삶의 마지막 기로에 선 노인들을 보고 있자니 내 몸을 원하는 대로 스스로 움직일 수 있고, 잘 먹고, 잘 자고, 일도 하고, 육아와 살림도 하는 40대의 내가 거의 슈퍼

눈을 감고 걸어도 맞는 길을 고르지

맨처럼 느껴졌다. 이렇게 당연한 일을 자유롭게 마음대로 하지 못하는 시기가 누구에게나 찾아온다. 누운 채로 지내거나 대소변까지 누군가에게 의존하며 지내게 될지도 모른다 생각하니 정신이 번쩍 들었다.

다시 하라면 도저히 못할 거 같은데, 그때의 나는 한 달에도 몇 번씩 공항에서 택시를 타고 병원으로 달려갔다. 교대로 고생을 하던 친정 식구들 대신 엄마의 병실 침대 옆 간이 침상에서 며칠을 보냈다. 같은 방 간병인 분들과 수다를 떨고 간식을 나눠 먹으면서 '내가 가고 나서도 우리 엄마랑 말동무라도 해주세요.' 하는 무언의 메시지를 마구 전달했다. 그리고 다시 비행기를 타고 일본으로 돌아와 다음 날 아침 아이들을 깨워 학교에 보냈다. 그리고는 엉망이 된 집을 하루 만에 말끔히 되돌려 놓곤 했다.

20~30대만큼 에너지가 넘치지는 않지만, 50대 초반이 된 지금 다시 돌아보니 40대는 엄마 말대로 가장 좋은, 완벽한 어른의 나이인지도 모른다는 생각이 들었다.

그렇다! 40대는 뭐든 할 수 있는 나이.

어쩌면 인생을 다시 리셋할 수 있는, 삶의 큰 에너지를 낼 수 있는 마지막 기회인지도 모른다는 생각이 들었다. 그리고 내가 고른 길, 나다운 길, 내가 가진 원래의 성향, 내가 가장 하고 싶고 잘할 수 있는 것이 있는 길로 그냥 따라가 보자 싶었다. 눈을 감고 걸어도 내게 꼭 맞는 길, 내가 원하는 길을 찾을 수 있을 거란 생각이 들었다. 가진 것 없이도 온 힘을 다해 성실하게 살아오셨던 부모님의 삶을 헛되게 하고 싶지 않았다.

그때의 나는 지독한 우울증에 빠져 있었다. 부모님 두 분을 보내고 난 뒤, 진짜 고아가 된 기분에 시달렸다. 아버지가 돌아가신 해 연말에는 아이돌 그룹 샤이니의 종현이 자살했다는 소식이 들려왔다. 누구보다 의욕과 열정이 강한 젊은이들이 스스로 삶을 포기하는 마음이 무엇인지 나는 알 것 같았다.

나는 사는 동안 아무리 힘이 들어도 나름대로 문제를 해결하고, 현명하게 대처해왔다고 자부하며 살았다. 그런데 부모님이 돌아가시고 나자 뭐랄까, 삶을 움직이는 내 안의 동력이 멈춰버린 느낌이었다. 모든 게 무의미하고 보기 싫고 일상의 소소한 의욕들도 다 잃어버렸다. 남편과 아이들, 내게 가장 소중한 가족조차 내 마음이 이런데 다 무슨 소용이야, 싶었다. 그리고 이렇게 되어버린 내가 그들에게 나쁜 영향을 주거나 그들의 삶을 망가뜨리진 않을까 무서웠다.

아침이면 겨우겨우 일어나 평범한 엄마를 애써 연기하며 대충 아침을 먹이고 아이들을 학교에 보냈다. 그렇게 현관문을 닫고 거실로 돌아와선 씻지도 먹지도 않은 채 소파에 기대거나 누워 지냈다. 가만히 있어도 눈물이 줄줄 흘렀다. 나도 외국에서 이렇게 아등바등 살다가 어느 날 병들어 삶이 끝날 것만 같았다. 평소와는 다른 내 모습에 남편의 격정도 깊어진 모양이었다.

"그렇게 집에만 있지 말고 당신한테 맞는 일을 찾아보는 건 어때?"

나를 생각해서 해준 말이었을 텐데 그때는 '이제 부모까지 잃고 마음 아픈 내게 일까지 시키려할 작정이냐'며 화를 내고 말았다. 고작 30분 거리에 살아 있는 부모가 있는 그가 내 마음을 알 리도 없다고 여겼고, 굳이 설명하고 싶지도 않았다. 무기력과 상실의 슬픔에서 벗어나기까지는 적지 않은 시간이 필요했다. 외출도 거의 하지 않고, 사람도 만나지 않던 나의 유일한 위로는 우리집 고양이와 가끔 유튜브를 찾아보는 것이었다. 아이돌 영상을 멍하니 시간 가는 줄 모르고 보다 우연히, 물리학자 김상욱 교수가 삶과 죽음을 물리학적으로 해석한 이야기를 듣게 되었다.

"물리학자의 눈으로 이 우주를 보면 죽음이 자연스러운 거예요. 오히려 산다는 것, 생명이 더 이상한 거예요. 우리 주변에 대부분은 다 죽어 있어요. 땅바닥, 자동차, 지구의 돌과 땅과 바닷물, 다 죽어 있어요. 즉 우주는 죽음으로 충만하고 죽음이 가장 자연스러운 상태예요. 모든 것이 원자로 되어 있으니까, 원자들은 대부분의 시간을 죽은 상태로 있다가 갑자기, 우연한 이유로 모여서 살아 있는 상태가 돼요. 생명이라는 정말 이상한 상태로 잠깐 머물다가 죽음이라는 가장 자연스러운 상태로 돌아가는 거죠. 이런 사실을 깨닫고 나면 내가 살아 있는 이 찰나의 순간이 정말 소중하다는 걸 알게 돼요. 죽음을 직면한 사람 앞에서는 큰 위로가 될 수 없겠지만, 원자는 영원불멸해요. 지금 모여서 내 몸을 이루고 있지만 죽으면 다시 뿔뿔이 흩어져서 나무가 될 수도 있고, 지구를 떠나 다른별에 가서 그 별의 일부가 될 수도 있어요. 이렇게 우리는 원자의 형태로 영생할 수 있어요. 그런 식으로 생각하면 나의 사랑하는 사람이 내 주위에 원자 형태로 있다고 생각해볼 수도 있어요."

'생명이라는 이상한 상태로 잠깐 머물다가 죽음이라는 자연스러운 상태로 돌아간다'는 말이 무척 와닿았다. 논리적으로 설명할 순 없었지만 부모님도 그렇고 주변 사람들

눈을 감고 걸어도 맞는 길을 고르지

과 가족, 나를 봐도 살아 있는 건 무척 힘든 일이라고 느낀 적이 많았다. 사람들은 왜 이리 비정상적인 상태로 온갖 시련과 고통을 수없이 겪으며 살아가야만 하는 걸까. 태어나기 전과 후처럼 죽음이 더 자연스러운 것이라면 짧은 이 생명의 시간을 그냥 나답게 후회 없이 살아보면 되지 않을까. 하지만 직계 가족의 죽음을 처음 경험한 내 우울한 상태는 쉽게 회복되지 않았다. 마음으로는 이제 괜찮을 거야, 아이들 봐서라도 힘을 내야지 하면서도 무기력한 몸과 마음은 그대로였다. 지금도 그 시절이 정확하게 기억이 나지 않는다. 항상 기록을 하는 나였지만 그때는 다이어리도 공백 상태로 남아 있다. 그냥 시간이 흘러 그 터널을 대충 빠져 나왔다는 느낌으로 남아 있다.

그렇게 한참 시간이 지나고 무기력했던 마음이 조금씩, 두 분의 마지막을 곁에서 잘 돌봐드렸다는 안도감으로 변해갔다. 아니, 그렇게 나 스스로에게 인지시키려고 애썼던 것 같다. 인생의 큰 숙제를 잘 끝냈다고, 조금 빨리 치른 것뿐이라고. 어쩌면 그렇게라도 나 자신을 세뇌시켜 빨리 무거운 마음에서 벗어나고 싶었는지도 모른다. 아이를 키우는 일도 충분히 어른이 어른다워질 수 있는 기회지만 부모님의 마지막을 잘 돌보고 보내드리며 겪는 과정도 그에 못지않게 인간적으로 크게 성장하는 시간이라 여기게 되었다.

　나는 아버지의 성실함과 꼼꼼함, 평생 워킹맘으로 살았던 엄마의 대범함과 요리에 대한 재능과 센스, 그리고 두 분 다 공통적으로 가지고 계셨던 언어적인 감수성을 골고루 물려받았다. 살아 있는 시간 동안 두 분에게서 받은 장점들을 마음껏 발휘해보는 것. 그것이 두 분을 진정으로 위하는 길이 아닐까. 지금 아니면 할 수 없는 그런 일을 무엇이 될진 모르지만 한번 해보자, 조금씩 그런 마음이 들기 시작했다.

# '윤 상'은 돈 버는 일이
# 어울릴 거 같아요

성에 '~씨'에 해당하는 '상(さん)'이나 '짱(ちゃん)'을 붙여 즐겨 부르는 일본에서 나는 '윤 상' 혹은 '윤 짱'으로 불린다. 몇 년 전 주 2회 정도 비정규직으로 근무했던 직장에서 새로운 일을 찾고 있던 내게 한 분이 문득 이런 얘기를 했다.

"윤 상, 돈 버는 일을 해보지 그래요?"

"네? 돈 버는 일이라뇨? 무슨 말씀이세요?"

"윤 상은 정해진 목표를 이루고도 더 나아질 수 없을까, 더 완벽하게 할 수 없을까를 늘 고민하잖아요. 틀에 박힌 직장 일보다 장사나 사업은 자기가 원하는 만큼 무한대로 성장할 수 있으니까 잘 준비하면 재미있을 거예요. 윤 상에게 잘 어울릴 거 같은데요."

당시 나는 직장에서 큰 갈등과 혼란을 겪고 있었다. 일본에 거주하는 외국인들을 위해 시에서 제공하는 정보나 서비스를 한국어로 번역하는 일을 맡고 있었다. 그런데 그 기관의 보수성과 생색내기식의 국제 행사들이 나는 늘 못마땅했다. 직원들 간의 노골적인 경쟁과 정치적인 음모와 술수를 지켜보는 것도 힘들었다. 베트남, 태국, 캄보디아 등 동남아 국가들의 언어 스태프였던 여성 직원에 대한 은근한 차별이라든가, 유능하지만 정치적인 야망이 1도 없어 늘 외국인 직원들 편에 서주었던 일본인 직원에 대해 헛소문을 내거나 왕따를 시키는 걸 보노라면 도저히 참고 있을 수 없었다.

제법 오랜 시간에 걸쳐 뜻을 같이 하는 몇몇 동료들과 여러 중요한 회의에서 문제를 제기하며 해결해보려 노력했지만 현실은 점점 더 악화될 뿐이었다. 마침내 그 기관의 대표에게 이 지저분한 상황에 대한 내부 폭로와 개선을 요구하는 장문의 편지를 사표와 함께 제출하고 나는 그곳을 나왔다. 이후 가장 악랄하고 문제가 많았던 직원은 해고되었다

'윤 상'은 돈 버는 일이 어울릴 거 같아요

는 소문을 들었다.

어릴 때부터 그랬다. 불합리한 것, 부당한 것, 원만하지 못한 것이 있으면 어떻게 해서든지 풀려고 노력했다. 가족 내에서도 해결되지 못한 문제가 있으면 근본적인 원인을 찾아내서 고치고 싶어했다. 가족이든 관계든 조직이든, 성장에 방해가 되거나, 제자리걸음 치거나 퇴보하게 만드는 문제들을 바로잡아 '더 나은 무언가'를 이루고 싶어했다. '장사나 사업은 자기가 원하는 만큼 무한대로 성장할 수 있으니까 윤 상에게 잘 어울릴 것'이란 말은 나의 이런 면을 보고 한 말이었을 것이다.

돈버는 일을 해보라는 조언은 살면서 처음 듣는 너무나 신선한 말이었지만, 겁도 나고 막막해지는 말이기도 했다. 보수적인 일본 사회에서 40대 중반을 넘은 한국인 여성이 할 수 있는 일은 한국어 교육이나 간단한 통번역 정도였다. 내가 이미 하고 있는 일이기도 했다. 일본에서 살았던 20년 가까이 두 번의 출산 때를 제외하곤 아르바이트로 꾸준히 한국어 강사 일을 해왔다. 그런데 그 일은 정말 아르바이트에 그치는 정도여서 일적인 면에서 내 욕구를 채워주기는 어려웠다.

돈 버는 일이라면 한 가지 해보고 싶은 게 있긴 했다. 내

가게를 해보고 싶다는 꿈! 마치 현실의 내 몸에는 들어갈 일도 없는 작지만 예쁜 옷처럼, 비현실적이라 여겨 가끔 꺼내보고 잠깐 흐뭇해하다 서랍장을 닫곤 했던 그런 꿈이었다. 돈 버는 일을 해보지 그래요라는 한마디가 내 내면 깊이 닫혀 있던 서랍장을 열게 만들었다.

내 첫 책 《아날로그로 꽃피운 슬로 육아》(서해문집, 2014)의 표지를 열면 나오는 작가 소개에 이런 말이 있다.

"영화 〈바베트의 만찬〉, 〈카모메 식당〉의 주인공처럼 복권에 당첨된다면, 어린아이와 부모를 위한 아늑하고 가정적인 분위기의 어린이 전문 식당을 만들어보는 게 꿈이다."

'복권에 당첨된다면'이라는 조건부를 달았던 걸 보면 현실 가능성을 크게 두지 않았나 보다. 하지만 나의 과거, 현재, 미래를 다 담는 자기소개 글에 구체적으로 썼다는 건 꼭해보고 싶은 마음이 컸다는 뜻일 것이다. 그로부터 6년이 지난 2020년 봄에 지금의 카페를 시작했으니 사람 일은 정말 모르는 것이다. 어린이 전문 식당이라 내세우진 않지만 우리 가게엔 대청마루 같은 자그마한 좌식 공간에 그림책이나 아이들 장난감이 놓여 있다. 어린아이들 손을 잡고 부

'윤 상'은 돈 버는 일이 어울릴 거 같아요

모들이 자주 찾는 식당. 결국 꿈은 이루어져버렸다!

# 결혼한 사람은 이미
# 창업을 경험한 셈

　나만 이런 생각을 하는지 모르겠지만, 결혼해서 가정을 이루는 일이야말로 인생의 창업 아닌가 싶다. 얼마가 됐든 둘이 가진 자금으로 함께할 공간을 마련하고, 필요한 물품을 구입하고 살림을 해가며, 아이를 낳아 기르고, 생활비와 교육비를 감당하고, 집을 키워가고, 차곡차곡 저축까지 하며 노후를 준비하는 긴 여정이야말로 창업과 비슷하지 않을까.

　결혼해서 몇십 년 살다 보면 정말 온갖 일을 다 겪는다. 가게나 회사를 창업해서 파란만장한 경험을 하는 것처럼 결혼을 통해 겪는 다양한 경험과 위기, 고통, 인내, 행복, 지혜 등은 사업을 시작하는 데 중요한 밑천이 되어줄 거라 생각했다. 심지어 나는 국제결혼 생활을 20년 이상이나 경험했고 지금도 하고 있다! 힘들고 고달픈 일도 많았지만 두 사람이 만나 이루어내는 일들은 정말이지 어마어마하다. 시련과 실패도 있었지만 결혼 당시보다 돈도 몇 배나 불어나고, 집과 차도 장만하고, 아가였던 큰아이가 이제는 대학생이 되고 아르바이트를 시작해 경제 활동을 하는 나이가 되었다.

'40대가 되면 지갑을 열어놓고 산다.' 어디서 주워 들은 말인지 기억은 안 나지만 40대가 되니 정말 그랬다. 30대 때는 아직 아이들도 어리고 사교육비는 거의 들지 않았던 터라 지출도 소박한 편이었다. 그런데 40대가 되고 나니 지갑이 닫혀 있을 새가 없이 돈 나갈 일들이 줄을 이었다. 마치 두더지 게임을 하는 것처럼 어디서 하나 튀어 나오길래 얼른 막았더니 저기서 불쑥, 또 여기서 불쑥. 이제 중년이 된 남편과 나의 건강에도 자잘한 문제가 생겨 병원비가 소소하게 든다거나, 특히 친정 부모님이 아프셔서 한국에 다녀올 때마다 목돈이 들었다. 해외에 사는 이들은 공감할 것이다. 고국 방문이 너무 기다려지면서도 적지 않은 비용에 한 번 다녀올 때마다 통장 잔고는 무섭게 비어가는 현실을.

결혼한 사람은 이미 창업을 경험한 셈

창업을 해서 크든 적든 사업을 꾸려가는 사람들의 돈 관리 방법도 다 제각각일 것이다. 지금 돌이켜 생각해보면 전업주부로 살았던 긴 시간 동안 나는 효율적인 소비와 지출을 통한 돈 관리 방법과 유연하게 살림을 운영하는 나만의 비법을 터득한 것 같다. 카페를 운영하고 있는 지금, 그동안 연습해온 돈 관리법이 도움이 많이 되고 있다.

고전평론가 고미숙의 《나의 운명 사용설명서》(북드라망, 2012)에는 이런 말이 나온다.

부족사회의 문화 담당자 브리콜뢰르는 한정된 자료와 용구를 가지고 최고의 솜씨를 발휘해낸다. 어떤 조건에서도 사물들 속에 숨어 있는 다양한 가능성을 끌어내는 그와 같은 기예를 브리콜라주라고 한다.

결혼 생활은 한정된 물적 재료로도 가족 구성원들이 가진 최고의 솜씨를 발휘해 다양한 가능성을 끌어내는 연습을 할 수 있는 인생 최고의 기회다. 문제는 결혼 생활은 나 혼자만 잘한다고 되는 것이 아니라는 것. 그것에 비하면 창업은 내가 주체적으로 꾸릴 수 있으니 잘만 준비하면 결혼 생활보다 만족스런 결과를 얻기가 훨씬 쉽다. 개인적인 경험이지만 말이다. 그러니 전업주부로 사는 시기를 창업 준비를 하는 기간으로 삼아도 좋을 것 같다. 날마다 크고작은 소비와 지출, 경제적인 선택과 결정을 연습하는 사이 지금 세상이 어떤 것을 필요로 하는지에 대한 감을 자연스럽게 익히며 때를 기다리면 어떨까.

경제 활동은 겨울잠을 자는 시기지만, 그 겨울잠이 끝난 뒤엔 왕성한 돈벌이 기회를 내 것으로 만드는 일만 남았다! 이렇게 생각하면 잠시 살림과 육아에 집중하는 시기를 오히려 즐기면서 보낼 수 있다. 사람은 모름지기 목표가 있어야 현실을 신나고 의미 있게 채울 수 있는 법이니까!

결혼한 사람은 이미 창업을 경험한 셈

# 이런 가게,
# 어디 없을까?




    이런 가게가 우리집 가까이에 있음 참 좋을 텐데, 하는 생각을 해본 적 없는지?

    아이들이 어릴 때 제과 제빵을 취미로 배우러 다닌 것 외엔 전문적으로 요리를 배워본 적이 없었다. 그래도 결혼 전부터 요리에 관심이 많았고 여러 나라를 여행한 덕분에 다양한 음식 문화를 경험했다. 일본에서 20년을 살아온 나에게 어떤 요리를 가장 좋아하냐고 묻는다면 한마디로 이렇게 대답할 것 같다.

    '가정 요리!'

    미슐랭 가이드에 나오는 레스토랑이나 유명 맛집의 음

식보다 어느 나라 요리가 됐든 덜하지도 더하지도 않은 보통의 가정집에서 만든 요리가 나는 가장 좋은 음식이라 여기고 있다. 한식, 일식, 중식, 양식 네 종류의 음식을 각 나라의 정갈한 가정식으로 맛볼 수 있는 식당이 우리집 주변에 있다면? 엄마들이 만들어주는 집밥처럼 외국 음식이지만 불필요한 조미료나 첨가물을 넣지 않아 매일 먹어도 질리지 않는 음식. 살림 잘하고 야무진 외국인 주부가 사는 집에 들러 한 끼 잘 얻어먹고 나오는, 그런 느낌이 드는 가게가 있다면?

일본은 편의점과 도시락, 가공식품 문화의 발달로 간단하게 한 끼를 해결할 수 있는 음식이 널려 있어 무척 편리하다. 문제는 그런 음식들이 대부분 각종 조미료와 첨가물 범벅이라는 사실. 한입 먹자마자 맛있다 싶지만 왠지 질리고 매일 먹고 싶지는 않기 마련이다. 사 먹는 음식이 다 그렇지!

한류는 유행이 아니라 이제 문화로 정착했다. 한국 음식에 대한 이해와 경험도 20년 전보다 훨씬 나아져 한국 음식을 찾는 일본인들이 점점 늘고 있다. 한국 음식을 파는 가게도 점점 늘어나고는 있지만 한국 사람인 나, 주부의 입장에서 가족과 함께 한 끼 제대로 먹고 싶어 찾게 되는 한국 음식점은 찾아보기 힘든 현실이다. 푸짐한 한정식까진 아니더라도 비빔밥, 찌개 백반 같은 간단한 음식도 마음에 들게 만들어 내놓는 가게가 참 없다. 어쩌다가 괜찮다 싶은 가게를 하나 발견해 자주 다니다 보면 무슨 사정이 있었는지 금새 문을 닫거나 아니면 맛이 예전 같지 않았다. 삼겹살을 시키면 위생 상태가 의심스러운 고기가 나오거나, 나물도 조미료 맛이 너무 강하고, 서비스는 대충대충. 차라리 내가 집에서 만들어 먹고 말지. 이런 반복이다 보니 한국 식당은 점점 발길을 끊게 되었다. 그나마 조금 괜찮은 한국 음식이나 한국식의 중국 음식을 먹으려면 도쿄 도심이나 신오쿠보까지 맘먹고 나가야 했다.

그렇다면? 내가 그런 가게를 만들면 되지 않을까? 이것이 지금의 '윤카페'를 꿈꾸게 된 이유였다. 가정의 맛, 청결, 친절, 사람을 소중하게, 이 네 가지를 기본으로 지키는 가게(이젠 영업 이념이 된 네 가지 원칙). 한국인 가정의 평범한 주부가 차려주는 정갈한 식사를, 소박하지만 청결한 공간에서, 따뜻하고 친절한 한국식 서비스를 받으며, 안심하고 한 끼 먹을 수 있는 그런 가게.

일본의 유명 자동차 회사 '혼다'의 창립자는 "소비자는 세상에 없는 물건은 살 수 없다"고 했다. 어쩌면 소비자들은 새로운 상품이 세상에 나왔을 때야 비로소 그 물건의 필요성을 인지하게 되는지도 모른다. 왜 이제야 이런 물건이 나왔을까. 왜 지금까지는 없었을까. 1990년대에 김치냉장고가 처음 나왔을 때 엄마들의 환호는 대단했다. 친정엄마를 비롯해 이모, 고모, 이웃 아줌마들 모두 김치냉장고와 그 물건을 만든 사람들을 찬양했다. "한국 사람들 진짜 머리 좋제. 기가 막힌다!"

전문적인 한국 식당이 아니더라도 평범한 한국인 주부가 만드는 소박한 집밥과 간식을 먹고 싶은 사람들이 분명 있지 않을까. 20년 동안 일본에 살면서 내가 그랬던 것처럼, 주변에 그런 가게가 없다 보니 필요성조차 느끼지 못했던 사람들이 많지 않을까. 그렇다면 가능성은 충분하지 않을까.

일단 나는 전업주부로 사는 기간, 아이들이 어려서 집에 머무는 시간이 많은 시기를 최대한 이용하기로 했다. 사람은 보통 하루에 세 끼나 먹는다. 이 세 끼니를 1년만 계산해도 1095번이 된다. 외식을 하거나 다른 집에서 얻어먹거나 하는 경우를 빼더라도 1년에 1000번 가까이 식사를 준비하는 셈이다. 이걸 20년이나 해왔으니 21900번! 자기가 한 요리로 돈을 벌고 싶은 사람에겐 이 수많은 연습의 기회를 최

이런 가게, 어디 없을까?

대한 활용해보라고 권하고 싶다.

나는 두 아이를 그들의 성향과 리듬에 맞게 천천히 키우려고 애썼다. 사교육에 기대지 않고 집에서 같이 공부하며 생협 친구들과 텃밭이나 자연으로 아이들을 데리고 나가 햇빛과 바람 속에서 키웠다. 텃밭에서 거둬 온 생명력이 가득한 신선한 채소들로 부엌에서 같이 요리하며 놀았다.

일본에는 1990년대에 나온 사카모토 히로코(坂本廣仔)의 《부엌 육아(台戶育兒)》라는 책이 있다. 그 책에 담긴 이야기들을 좋아한다. 요리는 자립의 가장 기초가 되고, 무엇보다 집안일 중에서 가장 창조적인 일이라고 여겼기 때문이다. 아이들이 심심해할 때면 '우리 카스테라 만들까?', '팝콘 튀겨 먹을까?' 하며 부엌에서 많은 시간을 보냈다.

둘째 아이가 만 일곱 살쯤 되었을 때, 일요일 아침에도 일찍 일어나 나를 깨우곤 했다. 같이 아침밥을 만들고 싶다는 거였다. 나는 그럴 때마다 속으로 '으이그, 내가 뭐 하러 부엌 육아 같은 걸 시작해가지고 이 고생이람!' 하며 마지못해 '끙!' 하는 소리를 내며 일어나 반쯤 감긴 눈으로 터덜터덜 부엌으로 향했다. 신이 난 아들은 '내가 야채도 썰게!', '믹서기도 돌릴 거야!' 하며 부엌을 휘젓고 다녔다. 나는 또 속으로 한숨을 쉬면서도 이왕 부엌 육아 코스프레 하는 거

빨리 끝내고 쉬자 싶어 겉으로는 '아이구, 우리 아들 잘하네!' 하며 아이의 흥을 돋우었다. 알록달록 채소들을 잘게 썰어 볶음밥을 만들고, 바나나와 우유를 믹서기에 넣고 윙 돌려 바나나우유를 완성했다. 늦잠 자는 누나와 아빠를 깨워 자기가 다 만든 양 자랑을 하며 다 같이 따뜻한 볶음밥을 먹고, 달콤하고 부드러운 수제 바나나우유까지 원 샷한 아들이 하는 말.

"일요일은 참 좋은 날이네!"

나의 부엌 육아 기록을 보니, 2016년 2월 21일 일요일 날짜에 이런 이야기가 쓰여 있었다. 20년간의 부엌 육아가 내 요리 실력을 키워주었으니 조리사 자격증도 없는 내가 가게를 운영하게 된 건 아이들 덕이 크다. 지금 가게 메뉴 대부분은 아이들을 키우면서 자주 만들어주고 같이 만들었던 것들이다. 식재료도 평범하고 비싸지 않은 것들, 조리법도 최대한 간단하게, 시간을 절약할 수 있는 방법으로 점점 진화해온 레시피다. 무엇보다 화학조미료에 의지하지 않고 만드는 한국 요리들인데 같은 생협 회원 친구들도, 가끔 오는 친척들도 모두 맛있다고 해주었다.

이렇게 오랜 시간동안 반복해서 만들어본 가정요리를 더 많은 사람들이 맛볼 수 있게 할 순 없을까? 많은 사람들이

이런 가게, 어디 없을까?

좋아한 일본 영화 〈카모메 식당〉처럼, 그런 가게가 필요한 시대가 아닐까? 이 시대에 필요한 것은 진심으로 따뜻하고 좋을 것 아닐까? 따뜻하고 좋은 것 중에 집밥, 가정요리를 이길 만한 것이 있을까? 아무리 생각해도 틀림없는 예상일 것 같았다. 그리고 그 예상은 적중했다.

"뭔가 충격적이고 독특한 것을 주려고 애쓰지 마라. 그냥 따뜻하고 좋은 것을 주면 된다. '좋은 것'만이 언제나 영원히 남는다."

―팀 페리스(Tim Ferris), 《타이탄의 도구들(Tools of Titans)》

# 엄마가 없어야
# 가사 분담이 이루어진다

'집안일을 누가 더 많이 하나.'

맞벌이 부부가 싸우는 가장 큰 이유. 아직도 우리 부부는 그렇다. 만약 우리 둘 사이에 집안일의 부담이 싹 사라진다면, 과장을 좀 보태서 싸울 일이 0퍼센트가 되지 않을까 싶을 정도다. 그만큼 10대 아이 둘과 성인 둘로 이루어진 네 식구의 삶을 유지하기 위한 집안일의 양은 결코 만만치 않다.

조금 생각을 바꿔서, 남편과 나는 완전한 성인이고 아이들도 얼마 안 있어 법적인 성인이 되는 우리 가족 구성원이 집안일의 부담을 조금씩 나눠 가진다면 문제될 게 하나도 없다. 가사 분담이 순조롭게 이루어지려면 그것이 '내 일'이라고 여길 수 있어야 한다. 내가 카페 일을 본격적으로 시작하고 2년이 훨씬 지난 지금도 남편과 아이들은 자주 '억울해' 한다. 누가 더 집안일을 많이 하고 적게 했는가에 대해 항상 울분을 토한다. 50살이나 먹은 남자도, 법적으로도 곧 성인이 되는 대학생 딸도, 중학생 아들도 모두 이 부분에선 아주 동등하다. 수준이 이렇게나 똑같을 수가 없다. 더럽히고 어지럽힌 건 모두 상대방 탓이라 비난한다.

설거지 할 때도 밥그릇, 반찬 그릇, 수저 몇 개만 달랑 씻으면 내 할 일은 끝났다 여긴다. 그릇에 묻은 양념이나 찌꺼기를 닦아내고, 남은 반찬들을 정리해서 냉장고에 넣고, 다 먹고 남겨진 냄비와 국자와 기름으로 떡이 된 프라이팬까지 다 처리해서 씻는 건 '우렁각시'가 하나? 아님, 우리 식구들 눈엔 보이지 않는 부엌 요정이 하나? 설거지가 끝나고 나서도 조리대와 인덕션 위를 말끔히 닦고 행주까지 빨아 널어두는 것, 반찬 얼룩과 국물 자국이 진 식탁을 닦는 것까지가 진짜 설거지라는 걸 알 때까지 우리 식구들에겐 몇 년의 시간이 더 필요할까.

그동안 90퍼센트 이상 집안일을 맡아 해왔던 내가 바빠지게 된 지난 3년 동안, 집안 곳곳의 청결 상태는 조금씩 무너져가고 있다. 비위가 몹시 약한 나로서는 우리집 화장실

임에도 불구하고 들어가고 싶지 않을 때가 있을 정도지만, 큰 문제와 불편만 없으면 그럭저럭 눈을 감아버린다. 담당 영역에 대한 내 잔소리와 간섭이 없어야 그나마 하는 흉내라도 멈추지 않을 거란 생각으로.

그러던 어느 날, 가족 모두 '다이소'에서 각자 필요한 물건을 사는데 딸과 아들의 장바구니에 갖가지 청소용 스폰지들이 여러 개 담긴 걸 발견했다. 욕실 청소 담당인 아들이 바구니에 담은 것은 초강력 스폰지, 부엌 담당인 딸은 '세제 없이 이거 하나로 충분'이라 쓰인 설거지용 스폰지가 담겨 있었다. 아이들에게 맡긴 집안일이 어느 정도는 각자의 일이 되었다는 것을 확인한 순간이었다. 내심 엄청 흐뭇했지만 아이들에게 "그거 가지고 되겠니? 좀 더 사지?" 그러고는 돌아서서 소리 안 내고 입이 찢어지게 웃었다.

내가 몽땅 다 하던 일을 가족 구성원에게 분담시키는 것도 '큰 일'이다. 그들이 끝까지 포기하지 않고 해내도록 격려하고 칭찬하고 가끔은 보상까지 넉넉히 해주어야 하는 내 신세가 한심하기도 하지만 예전처럼 내 일로 죄다 거두어오지 않으려면 참아야 한다. 엄마인 내가 없을 때, 어쩔 수 없이 할 수밖에 없을 때에야 스스로 하게 되고 그것과 연관된 물건들, 관리 방법, 혹은 가격까지 관심을 가지게 된

엄마가 없어야 가사 분담이 이루어진다

다. 엄마가 집에 있는 상태에서 모두 골고루 분담할 수 있는 이상적인 방법을 꿈꾸기보다 가족 각자가 그 일이 진짜 내 일이라 여길 수 있는 시간과 환경이 필요하다. 내 경험상 그렇게 되기 위한 가장 빠른 길은 엄마가 집에 없어야 한다는 것이었다.

요즘 우리 식구의 집안일 루틴을 간단히 소개하자면, 출근 시간이 가장 빠른 남편이 먼저 일어나 전기밥솥에 밥은, 혹은 밥만 해둔다. 그다음 내가 일어나 간단한 아침을 차려 바쁜 사람부터 차례대로 아침을 먹는다. 설거지와 청소기 돌리기는 제일 늦게 나가는 사람 몫이다. 주로 내가, 혹은 수업이 늦게 있는 날은 대학생 딸이, 아주 가끔은 재택 근무하는 남편이 한다. 요일마다 다르게 버려야 하는 쓰레기는 중학생 아들이 등교할 때 들고 나간다.

저녁에는 가장 먼저 중학생 아들이 학교 갔다 와서 빨래를 걷어놓고(아주 가끔 어설프게 웬일로! 개어놓기도 하는데, 이때는 그가 용돈이 필요할 때다) 저녁 6시쯤 되면 욕조를 간단히 청소하고 제일 먼저 목욕을 한다(일본의 가정은 대부분 한여름을 제외하곤 매일 욕조 목욕을 한다). 그다음 대학생 딸이 와서 쌀을 씻어 밥솥에 세팅해두고 국이나 찌개 냄비를 데운다.

그리곤 엄마인 내가 도착. 가게에서 틈틈이 만들어둔 반찬 몇 가지를 꺼내면 마지막으로 남편까지 도착해서 바로 저녁을 먹는다. 저녁 먹은 설거지는 딸이나 남편이 번갈아 하고 있는데, 나는 이 저녁 설거지에서 해방된 것만으로도 얼마나 편한지 모른다. 그다음, 남편이 화장실 청소(일본은 욕실과 화장실이 분리되어 있는 구조다)를 한 뒤 목욕을 한다. 나까지 목욕이 끝나면 세탁기를 돌리고, 자기 전에 빨래를 널면 네 식구 하루치의 집안일이 마무리된다. 겨우 이만큼만 분담해도 하루가 훨씬 순조롭게 돌아간다.

전업주부로 있던 여성이 일을 시작하기로 했을 때 '내가 없으면 집이 엉망이 되지 않을까', '엉망이 된 집안은 결국 내 몫으로 돌아오지 않을까' 하는 불안이 몰려올 것이다. 늘 잘 정돈되어 있고 잘 돌아가는 집안 상태를 깨고 싶지 않은 나의 욕구도 한몫하고 있을지 모른다. 돈 몇 푼 버느라 애들도 방치되고 집안도 망가져가는 꼴을 보고 싶지 않을지도 모른다. 하지만 그대로 가다간 60이 되고 70이 되도 집안일은 모두 내 차지가 된 채 평생 살아야 할지도 모르는데 그래도 괜찮을까?

일을 시작하고 나면 처음 몇 달은 가족 모두가 우왕좌왕하고 다투기도 한다. 그러나 시간이 지나면서 조금씩 나아지게 되어 있다. 가장 다행스러운 것은 요리와 청소, 빨래

엄마가 없어야 가사 분담이 이루어진다

같은 단순해 보이는 집안일이 의외로 복잡하고 시간도 많이 걸리고 고달픈 일이라는 걸 남편과 아이들이 조금씩 알아가게 되었다는 사실이다. 쳐다보기도 싫은 음식 쓰레기를 만져야 하고 조금만 방심하면 욕실에 곰팡이들이 가득해진다는 것(일본은 특히 습기가 많은 탓에 욕실 위생 관리가 쉽지 않다), 화장실은 왜 또 그리 초고속으로 더러워지는지, 빨아도 빨아도 빨래는 왜 그리 나오는지.

가사 분담에 대해 이런저런 생각 중에 속이 시원해지는 글을 발견했다.


"우리 가정은 남편과 나, 둘이 같이 구축한 세계다. 우리가 더럽힌 것, 먹는 것, 우리가 낳은 것, 우리 모두가 직접 앞가림과 뒷바라지를 해야 한다고 생각한다."

"평등의 모습이 항상 5대 5일 필요는 없다. 어떨 때는 1대 9일 수도, 3대 7일 수도, 6대 4일 수도, 8대 2일 수도 있다."

"악처를 연기할 필요도, 현모양처로 무리할 필요도 없다. 인간적인 공정함과 낭만적인 관대함을 최선을 다해 양립해 나가고 싶다. 우리는 그렇게 조금씩 더 나아질 것이다."

—임경선,《태도에 관하여》중에서

내가 집안일과 그것을 분담하는 일에 민감한 이유는 딱 두 가지다. 일단 나는 내 주변이 잘 정리되어 있고 쾌적한 상태일 때 가장 의욕적이다. 짜증이 나고 만사가 귀찮을 때도 깨끗하고 아름다운 공간을 보면 소멸해가던 몸속의 에너지가 다른 무언가로 전환되어 뭐든지 해보고 싶어지는 성향을 가지고 있다.

그리고 또 하나는 어릴 때부터 보아온 부모님의 영향인데, 두 분은 맞벌이를 하면서도 항상 집안을 쾌적하게 가꾸었다. 아침에 일어나서 내가 보는 집안 풍경은 아침 햇살에 거실 마루가 빛나고 있는 모습이었다. 두 분의 집안일 분담도 너무나 칼같이 정확했다. 엄마는 부엌과 거실, 아버지는 욕실과 베란다와 현관과 수납장 구석구석을 부지런히 쓸고 닦았다. 오래되고 낡은 씽크대의 스테인리스는 무얼로 닦았는지 항상 빛이 났다. 아버지는 망치, 못, 드라이버 등이 들어 있는 공구 상자를 들고 늘 집안 곳곳을 손봤다. 몇 년에 한 번 이사를 다닐 때마다 아버지의 공구 상자는 조금씩 업그레이드되었는데, '그건 또 왜 샀어요?' 하고 물으면 "집도 이사했는데 요놈들도 좀 나아져야 안 되겠나."라고 말씀하셨다.

집안일과 관련해 아버지께 크게 감동받은 일이 있다. 저녁에 퇴근을 하면 작업복을 입은 채 바로 화장실 청소를 하시곤 했다. 나중에 들어보니 키와 덩치가 큰 오빠와 남동생 사이에 끼어 늘 불만이 많았던 나(먹을 게 항상 눈 깜짝할 사이에 없어지는 것, 하나뿐인 화장실 같이 쓰기 등등)를 위해 "딸딸 긁어도 하나밖에 없는 딸인데, 화장실이라도 깨끗한 데서 쓰게 해 주야 안 되겠나." 하는 마음에서 회사에서 돌아와 씻기 전에 화장실 먼저 청소하셨다는 것이다.

늘 돈에 쪼들리고 좁고 오래된 아파트에서 살아왔지만 엄마는 늘 청결하고 정갈하게 나물 반찬이 가득한 밥상을 따뜻하고 근사하게 차려냈다. 낡은 아파트 베란다에는 엄마가 키우는 식물들이 많았는데, 집에 놀러 오시는 손님들이 모두 놀랄 만큼 싱싱하고 푸르렀다. 일을 마치고 돌아온 엄마는 자식을 돌보듯 그 초록 식물들을 정성껏 돌보셨다. 마치 아버지가 트럭을 열심히 닦을 때와 같은 뒷모습으로.

결핍이 많은 삶이었지만 나는 이런 부모님 덕분에 돈에 좌우되지 않는 품위 있는 일상을 누릴 수 있었던 것 같다. 고단한 삶임에도 자신의 주변을 늘 정갈하게 가꾸려 노력했던 부모님이 진짜 어른 같다고 느껴졌고 존경하는 마음을 갖게 되었다. 어쩌면 집안일을 자기 일로 받아들이고 묵묵히 실행하는 과정은 어른이 되어가는 연습의 과정인 것 같다. 우리 네 사람 모두가 진짜 어른답게, 담담하지만 멋있게 각자의 집안일을 해내는 미래를 나는 여전히 꿈꾸고 있다. 그다음 바로 이어지는 한숨은 어쩔 수 없지만.

## 나만의 체력 관리
비법

    창업을 결심하고 난 뒤 가사 분담과 더불어 가장 중요하다고 생각한 것은 체력 관리였다. 부모님이 마지막을 보낸 병원에서 적지 않은 시간을 보낸 나는 건강과 체력이 사람에게 얼마나 중요한 것인지 뼈저리게 깨달았다.

    말기암이었던 이유도 있지만 엄마는 아빠가 돌아가신 뒤 혼자 식사도 대충 하고, 가벼운 산책도 끊고 집에서만 시간을 보냈다. 허전함과 외로움이 내가 생각하던 것보다 훨씬 더 컸던 것 같다. 전화로 통화할 땐 병원 정기 검사도 꼬박꼬박 가고, 산책도 매일 하고, 밥도 잘 먹는다고 매번 걱정 말라 했다. 잘 먹지도 잘 움직이지도 않고, 전에는 간간히 병원을 오가면서 받으시던 혈액검사나 정기 검사도 일절 끊고 사셨다는 걸, 암 진단을 받고서야 알았다. 한 번씩 친정에 다니러 갈 때 억지로라도 병원에 모시고 가 볼 걸, 하는 후회를 얼마나 했는지 모른다.

나이가 들면 해마다 근육양이 줄어든다. 노인이라도 평소 가벼운 운동으로 기본적인 체력을 유지하고 근육을 조금씩 늘려가는 것이 중요하다. 그래야 질병이 찾아왔을 때 잘 이겨낼 수 있다. 흔히 정신력이 있으면 모든 것을 이겨낼 수 있을 거라 착각하지만 게으름, 나태, 권태, 짜증, 우울, 분노, 이 모두는 체력이 버티지 못해 정신이 몸의 지배를 받아 나타나는 증상이다.

체력이 약하면 빨리 편안함을 찾게 되고 무언가를 할 의욕도 잃게 된다. 같은 연령대의 노인이라도 기본적으로 체력이 있으면 병을 이겨내려는 의지도 강하고 자기 관리도 철저했다. 우리 엄마는 감정 기복이 너무 심하고 침대에 누운 채로 꼼짝 하기 싫어하셨다. 식사도 제대로 안 하시니 약을 먹기도 힘들고, 수술을 하려고 해도 수술을 견딜 수 있는 체력 만들기가 우선이라 아까운 시간을 흘려보내기도 했다. 게다가 그 아픈 몸으로 자식들 밥을 해 먹여야 한다며 빨리 퇴원해서 집에 갈 거라고 고집을 피우셨다. 그런 엄마를 말리느라 나도 오빠도 언성을 높이곤 했는데 지금 생각하면 그 일이 너무 마음에 걸린다. 큰 효과도 보지 못한 항암치료를 하느라 병원에서 고생만 하느니 차라리 따뜻한 집에서 편안하게 마지막을 보내게 해 드리는 게 좋았을까. 지금도 후회가 된다. 특히 가족 중 누군가가 아프거나 입원을 하면 본인만 힘든 게 아니라 그를 돌봐야 하는 가족이나 주변 사람들도 고생을 한다는 걸 그때 알았다. 그렇다! 아이들을 위해서라도 부모는 자신의 체력을 평소에 잘 단련해야 한다.

친정이 멀리 있는 외국에서 '독박 육아'를 하느라 체력 관리에 늘 신경을 쓰긴 했지만(규칙적인 식사와 생활, 자주 걷기 등) 운동과는 거리가 멀었다. 학교 다닐 때 100미터 달리기가 19초면 아주 잘 나온 기록이고, 가족이나 주변 사람들은 대부분 성실하고 부지런했지만 운동을 즐기는 사람이 별로 없었다. 운동과 연관된 나의 환경은 거의 불모지였던 셈이다. 친구들이나 친한 선배들도 책읽기나 글쓰기 토론과 같은 정적인 것을 좋아하는 성향의 사람이 많았다.

기본적인 체력과 지구력은 있지만 집안일만 해도 매일이 버겁고 힘든 내가 과연 운동을 할 수 있는 걸까? 마침 파트타임으로 다니던 직장에는 다양한 사람들이 있었다. 점심시간에 함께 모여 점심을 먹을 때면 달리기를 취미로 하는 사람이 몇 있어 그들의 이야기를 자주 듣게 된 게 좋은 자극이 되었다. 평소에 운동을 안 하던 사람도 운동하는 사람들의 이야기를 듣는 것만으로도 운동 효과가 있다는 말이 있다. 관심이 없다가도 계속 듣다보면 '슬슬 나도 운동해볼까, 그러면 저 사람처럼 움직임도 빨라지고 항상 기분이 좋고 의욕적으로 될까'와 같은 마음이 이어지다 스스로 운동을 시작하고 즐기게 되는 경우가 많다는 것이다.

내가 그랬다. 운동화를 새로 한 켤레 사서 시간만 나면 걷기 시작했다. 욕심내지 않고 처음엔 2킬로만 걸어보고 다음 날엔 같은 2킬로 거리라도 조금 빨리 걸어 소요 시간을 단축시켜보고 하는데, 아니 이게 생각보다 너무 재밌어지는 게 아닌가! 몇 주일 꾸준히 하다 보니 다리 근육이 조금씩 단단해지는 것 같고, 걷는 속도도 점점 빨라지고, 무엇보다 지겹고 귀찮기만 하던 집안일도 의욕적으로 단숨에 해치우게 된 게 좋았다.

그 무렵, 큰아이가 중학생 사춘기를 지나고 있던 때라 소소한 문제들이 끊이지 않던 때였다. 속상하고 답답할 때마다 운동화 끈을 매고 현관을 벗어나 한 바퀴 휙 돌고 오면 신기하게도 기분이 나아졌다. 아이에게도 한결 여유 있게 대하게 되니 쓸모없는 감정 소모가 줄고 나도 마음이 편했다. 문제는 해결되지 않더라도 담담하게 그 시기를 잘 보낼 수 있었던 고마운 운동이 내겐 걷기였다. 집에서 출발해 꽤 멀리 있는 공원까지 걸어가 간단하게 싸 간 간식을 먹고 돌아올 땐 달리기도 하며 조금씩 좋아지는 체력을 즐기던 그때의 시간들. 엄마 아부지도 다 떠나보내고, 자식들은 속만 썩이고, 좋은 일도 별로 없는 40대 후반이었지만 몸이 가볍고 건강해지면서 정신도 나날이 새로워지는 그 감각이 무척 행복했다.

그러던 어느 날, 아들이 다니던 수영장과 함께 있던 헬스클럽에서 한 달에 5만 원 정도만 내면 부부 두 사람이 원하는 시간에 언제든 운동을 할 수 있는 자유 이용권을 받게 되었다. 우리 구두쇠 부부는 싼 거라면 무조건 좋아해서 얼른 등록을 하고, 수영장을 비롯한 헬스클럽의 각종 시설을 마음껏 이용하게 되었다. 바깥의 신선한 공기를 마시며 자연 속에서 몸을 움직이는 걸 즐겼던 나는 실내 운동은 선호하지 않았지만 각 부위별 근육을 단련시킬 수 있는 운동을 이참에 해보고 싶었다. 막상 다녀보니, 이건 또 나름의 재미와 효과가 있었다. 다리, 팔, 등 근육을 효과적으로 단련시킬 수 있고, 무엇보다 별로라고 생각했던 러닝 머신에서 달리는 게 꽤 재미있었다.

그렇게 실내 운동을 다니다가 그해 연말에 신청해둔 종합건강진단 때, 자신의 실제 나이와 신체 나이를 비교해서 보여주는 옵션을 신청해두었다. 과연 나의 몸 나이는 실제의 내 나이와 어떻게 다를까? 건강진단 받으러 가는 날을 목표일로 정해두고 한 달 바짝 열심히 운동을 다녔다. 그 결과, 당시 만 48세였던 내 실제 나이에 비해 신체 나이는 어머나 이게 웬일!

"당신의 건강 나이는 35.3세. 실제 나이에 비해 12.7세가 적습니다."

살면서 가장 기뻤던 순간들 중의 하나였다. 50이 되니 그렇다. 예쁘다는 말보다 '나이보다 젊어 보여요' 하는 말이 얼마나 듣기 좋은 말인지! 지금 생각해도 그때는 내 40대 중 가장 활력 있고 날씬하고 매일이 새로울 때였다. 가게를 시작한 뒤 파란만장을 시간들을 보내왔지만, 그때 다져진 체력으로 열이 나거나 심하게 아픈 일 거의 없이 잘 지내왔다.

조금 오래된 일본 영화 〈담뽀뽀(タンポポ)〉를 보면, 싱글맘으로 라멘 가게를 운영하려는 여성이 라멘 조리법을 배우기에 앞서 달리기나 체조 등을 하며 체력 단련을 먼저 하는

내용이 나온다. 20대 때 보았던 영화가 그때서야 깊이 공감이 되었다. 내 가게를 꿈꾸는 분이라면 다른 복잡한 것들을 준비하고 고민하기에 앞서 체력을 기르라고 꼭 조언해주고 싶다. 운동이 일상이 되면, 삶이 달라진다. 체력이 일상을 지배한다고 해도 과언이 아니다.

# 일도 배우고
# 돈도 벌고

이제 체력도 장착했으니 실전으로 돌입했다. 장사의 경험도 전혀 없고 대학 때 학교 앞 커피숍에서 몇 달 아르바이트한 걸 제외하면 카페나 음식점에서 일해본 경험이 한 번도 없는 내가, 가게를 한다니! 그것도 일본에서! 무조건 실전 경험을 해야 했다.

체력은 자신감까지 덤으로 데려왔는지, 지금 생각하면 무슨 배짱으로 50이 다 된 나이에 여기저기 이력서를 과감하게 들이밀었는지 모르겠다. 여러 번 떨어지기도 했지만 이 나이에 한 번에 붙는 게 이상하지, 하며 틈만 나면 괜찮은 가게를 검색하고 알바 할 수 있는 곳을 찾았다. 그러던 중 당시 나에게 깔맞춤인 가게를 발견하게 되었다.

'도쿄 순두부.' 한국의 찌개 요리인 순두부 전문점으로 일본 전국 대형 백화점에 30개가 넘는 점포가 입점해 있었다. 중국, 대만, 베트남 등에도 체인점을 늘려가는 회사였다. 한국 순두부 요리가 메인이지만 일본 기업답게 손님이 국물의 베이스가 되는 스프 종류나 매운 정도를 각 단계별로 선택할 수 있는 다양성이 돋보였다. 한국에서 먹는 순두부에서는 본 적이 없는 브로콜리, 방울토마토, 치즈 등도 옵션으로 골라 자기 취향에 맞는 순두부를 '주문 제작'하듯 만들어서 먹을 수 있는 특이한 가게다. 아, 20년이나 도쿄에 살면서 왜 이걸 아직 몰랐을까!

지금까지 일본에 있는 한국 음식점은 대부분 연령대가 높은 한국 분들이나 재일교포들이 운영하는 경우가 많았다. 일본 내에서 한류는 이제 유행이 아닌 문화가 되었음에도, 한국 요리에 대한 이미지는 저렴해 보이는 인테리어나 삼겹살 등의 메뉴 탓에 기름기가 배인 가게 내부를 연상하기 쉬웠다.

그런데 이 '도쿄 순두부'는 입점한 곳이 대부분 젊은 층이 많이 몰리는 백화점이고 메뉴 구성이나 가게 분위기 모두가 음식점이라기보다 카페처럼 밝고 예뻤다. 폭풍 검색을 거쳐 마침 우리집에서 전철로 8분 거리의 백화점에 체인점이 있다는 걸 확인한 순간, 눈이 번쩍 뜨였다. 아르바이트나 직원 모집 공고는 없었지만 당장 전화를 걸어 문의했다. 처음부터 솔직하게 털어놓았다.

"저는 음식점 경험도 없고, 외국인이고, 나이도 많은데요. 일할 수 있을까요?"

"목소리 들어보니 일 잘하실 거 같은데요. 이력서 준비해서 면접 보러 오시겠어요?"

앗싸! 뭔가 느낌이 좋다. 면접 날은 단단히 준비를 하고 무슨 일이 있어도 합격할 수 있도록 인터뷰 연습을 했다. 오후 4시. 가게가 점심시간을 마무리하고 저녁 장사를 준비할 무렵 최대한 젊게 차려입고 갔더니 매니저라고 자기를 소개하는 30대의 예쁘고 세련된 여성이 나왔다. 홀을 둘러보니 점원들은 대부분 20대 초반의 일본인 대학생들 같았다. '아, 내가 저 사이에서 잘할 수 있을까' 힐끔힐끔 눈치를 보며 면접 인터뷰를 하는데 매니저는 가게가 한국 요리 전문점이다 보니 내가 한국인이라는 점, 전이나 잡채 등의 사이드 메뉴를 맡길 수 있을 거란 기대 등으로 그 자리에서 채용을 결정했다. 아, 꿈만 같았다. 뭐지? 엄마, 아부지가 하늘에서 나를 도와주시나?

일도 배우고 돈도 벌고

그렇게 시작한 백화점 레스토랑 아르바이트. 겨우 1년 동안이었지만 내 인생 전체를 통틀어 가장 많은 것을 배운 시간이었다. 일본에서 사는 동안은 대부분의 관계가 아이들과 연관된 관계였다. 시부모님과 남편 형제 가족들, 아이의 친구의 엄마로 이어진 관계가 대부분이었는데, 여긴 달랐다. 백화점 자체가 20대의 젊은 층을 대상으로 하는 곳이라 일하는 직원들은 거의 다 젊었다. 그리고 남녀 할 것 없이 너무 아름다웠다. 미소와 친절이 몸에 밴 그들에게선 늘 좋은 향기가 나고 탈의실에서 옷을 갈아입을 때 잠깐씩 스쳐 지나가는 사이일 뿐인데도 밝게 인사하는 매너가 무척 세련되고 멋있었다.

젊음과 세련, 아름다움을 지향하는 백화점이다 보니 오는 손님들도 하나같이 젊고 아름다웠다, 신기할 만큼. 더 신기한 건, 그런 그들이 한국의 순두부찌개를 마니아처럼 좋아하며 즐긴다는 것이었다. 평일 주말 할 것 없이 가게는 금방 만석이 되고 주문이 물밀듯이 밀려들었다. 거의 초 단위로 매출이 올라가는 게 피부로 느껴졌다. 진짜 장사라는 게 이런 거구나,를 그때 처음 경험했다.

일본 내에서 한국 음식이 어떻게 인식되고 소비되고 있는지, 어떤 메뉴와 맛과 서비스를 원하는지, 주문이 밀려올 때 전쟁터 같은 주방에서 어떻게 효율적으로 음식을 만들어내야 하는지, 직원들 간의 팀워크는 어떻게 다져지는지, 체력과 정신력은 어떻게 관리해야 하는지, 매출과 재료비와 인건비는 어떻게 맞춰야 하는지, 거의 모든 것을 배웠다고 해도 과언이 아니다.

무엇보다 점장과 요리장, 대학생 알바생들이 어마어마하게 일을 잘하는 사람들이었다. 처음 면접을 볼 때 점장이 '루미네'라는 이 백화점이 일본 기업 중에서는 서비스 수준이 아주 높은 편이라 여기서 일을 배우면 어딜 가서도 뒤지지 않을 거라고 했었는데 사실이었다.

이제 겨우 스물을 갓 넘긴 아르바이트 대학생들을 보며 진짜 일을 잘한다는 게 어떤 건지 제대로 배웠다. 정신없이 돌아가는 가게 상황에도 손님 한 사람 한 사람을 진심으로 대하고 주문을 받고 음식을 제공하고, 그러면서도 대기 중인 손님들과 농담을 나누며 기다리는 지루함을 덜어주고, 조리 담당 직원이 구원 요청을 하면 단숨에 달려가 요리 하나를 뚝딱 만들어낸다. 그들의 대단함은 거기서 끝이 아니다. 자기가 담당한 일을 완벽하게 해냄과 동시에, 나같이 어리바리한 신참 직원들의 실수까지 바로잡아주고 알기 쉽게 가르쳐준다. 그런 베테랑 직원 몇몇이 주거니 받거니 하며

　　일도 배우고 돈도 벌고

완벽한 팀워크을 이뤄 수많은 손님을 상대해내는 모습은 뭐랄까, 노동의 신성함이랄까. 가수 성시경이 100만 구독자를 단숨에 모은 유튜브 〈먹을 텐데〉에서 엄청나게 바쁜 가게에서 팀워크이 좋은 이모님들의 일솜씨를 보며 '거룩하다'라는 표현을 썼는데 정말 그랬다.

지금 생각해도 살면서 가장 잘한 일 중 하나다. 그리고 왜 음식점 일을 모두가 힘들다고 하는지, 하는 일에 비해 급여는 왜 그리 적은지, 점장과 직원들 간의 미묘한 갈등들을 가까이서 지켜보고 문제점을 확인하는 기회도 되었다. 엄청난 매출 기록을 갱신하는 가게임에도, 이렇게 멋있게 일 잘하는 사람들이 있음에도, 회사만 성장하고 일하는 개개인은 그만큼의 보상을 받지 못하는 시스템이 무척 아쉬웠다. 아직 세상의 많은 가게와 회사들이 그렇다. 부품처럼 일하며 소모되는 사람들이 너무 안타까웠다. 내가 진짜 가게를 운영한다면 이런 부분은 꼭 개선해야지, 새로운 형태로 운영해봐야지 하는 마음을 먹게 되는 계기도 되었다.

40대 후반에 갓 스물이 넘은, 몸도 뇌도 생각도 쌩쌩하고 빠릿빠릿한 젊은이들 사이에서 익숙하지 않은 일을 한다는 건 쉬운 일이 아니다. 나름 생각만은 젊게 살고 있다고 여겼는데 실제 젊은이들 속에 있으니 내가 얼마나 고정관념에 갇혀 살고 있는지도 깨닫게 되었다.

무엇보다 음식점 알바 일은 자존심 상하는 일이 많다. 남에게 싫은 소리를 듣는 것도 그렇지만 나 자신의 능력에 대한 실망과 자책이 무엇보다 힘들게 한다. 그걸 이겨내야 큰일을 할 수 있다. 사실 일을 잘 못하고 서툴러서 싫은 소리 듣는 건 내 행동에 대한 지적일 뿐 나의 인격이나 내 존재 자체에 대한 부정을 하는 것이 아니다. 근데 나이가 들수록 나에 대한 지적이나 잔소리를 견디기가 참 힘들다. 그 고비를 못 넘기고 홧김에 그만둬버리는 경우도 많다. 하지만 진짜 자존심은 내가 실수하고 못한 부분을 고치려고 노력하고 어떻게 하면 더 나아질 수 있을까, 자기 나름대로 궁리하고 연습해서 일로 멋지게 승부하는 것이 아닐까.

나는 내 가게를 하고 싶다는 뚜렷한 목표가 있었기에 주방 청소나 설거지 같은 아무리 힘들고 사소한 일도 진심을 다해 성실하게 해냈다. 교육학을 전공하고 그동안 누군가를 가르친다거나 글을 쓰거나 하며 돈을 벌었다. 이곳에서의 경험을 계기로 육체노동을 하며 살아가는 분들의 삶을 조금이나마 이해하는 기회가 되었고, 늦은 밤 녹초가 되어 백화점을 나설 때면 왠지 모를 숭고한 기분까지 들어 뭉클했던 적이 많았다. 이런 일을 하는 분들이 정말 이 일을 사

일도 배우고 돈도 벌고

랑하며 넉넉한 보수와 대접을 받고 일할 수 있는 사회가 되면 좋겠다는 바람도 가져보았다.

이런 목표 의식뿐 아니라 일을 하는 순간은 1분 1초가 돈이 되어 나에게 돌아온다는 것도 뿌듯했다. 미래의 꿈을 위해 배울 것이 많은 가게에서 하루하루 생생한 지식과 경험을 쌓고 있는데, 통장에 창업 자금까지 차곡차곡 쌓였다. 일도 배우고 돈도 벌고, 오늘 또 가게에 가면 어떤 경험과 배움이 기다리고 있을까! 하루하루가 의미 있는 날들이었다.

카페나 음식점 경험이 없는 상태에서 창업을 생각하고 있다면 꼭 현장에서 먼저 일을 해보라고 권하고 싶다. 아주 잘되는 가게라면 왜 이 가게에 손님이 많이 오는지, 주방은 어떻게 돌아가는지, 직원들의 분위기는 어떤지, 사장은 어떤 사람인지, 나에게 이 일이 정말 맞는지, 많은 것을 이해하고 배우게 될 것이다. 가능하다면 잘나가는 가게, 안되는 가게, 다양하게 경험해보면 더 좋을 것 같다. 창업을 할지 안 할지는 실전 경험을 해보고 판단해도 늦지 않다.

백화점 레스토랑에서 일하기 전에는 요리와 연관된 자원봉사도 많이 했다. 2010년대 중반 무렵, 일본에서는 '어린이 식당 시민운동'이 전국적으로 퍼져갔다. 맞벌이 부부와 한부모 가정의 아이들이 늘어나면서 저녁을 혼자 먹거나 제대로 챙겨 먹기 힘든 아이들을 위해, 100~300엔 정도의 저렴한 비용 혹은 무료로 따뜻한 한 끼 식사를 제공하는 운동이다.

나는 내가 사는 지역 어린이 식당의 창립 멤버로 참여했고, 주로 조리 담당을 맡아 자원봉사로 참가했다. 매회 30인 분 이상의 요리를 3~4명의 자원봉사자들이 만드는데, 한꺼번에 많은 양을 만드는 경험을 이때 연습이 많이 된 것 같다. 필요한 식재료도 동네 사람들이 자발적으로 기부해주었다. 식당이 열리는 날이면 텃밭에서 막 수확한 싱싱한 채소들과 쌀, 각종 조미료, 쥬스, 과자 등이 주방 입구에 놓여 있던 장면이 뭉클한 기억으로 남아 있다. 이 이야기는 새로운 공동 육아 이야기를 공저 형식으로 엮은《마을육아 : 아이를 함께 키우며 삶이 풍요로워진 사람들의 이야기》(민들레, 2017)라는 책에 자세히 실려 있다.

그 외에도 집안의 필요 없는 물건을 정리해서 동네 프리마켓이나 지역 페스티벌 등에 참가해 가게를 운영해보는 경험을 자주했다. 하고자 하는 목표에 맞춰 그와 연관된 다양한 경험들을 준비 과정에서 해보는 게 좋다. 그 어떤 경험이라도 다 피가 되고 살이 된다.

일도 배우고 돈도 벌고

## '엄마'에서 '나'로
## 돌아오는 시간


'아이가 초등학교만 가도 좀 나을까?'

'중학교 가면 좀 편해지겠지.'

'입시만 끝나면 좀 괜찮을까?'

아이를 키우는 20년에 가까운 시간은 늘 이런 고민과 기대의 연속이었다. 1년만 더 고생하면, 앞으로 3년만, 5년만 더 하면. 그런데 그렇게 견디고 기다려도 '좀 편안하고 괜찮아지는' 시간은 내 기대만큼 빨리 오지 않았다. 물론 24시간 내내 힘들던 시절은 아이가 크면서 조금씩 사라진다. 그다음엔 또 다른 주제의 힘듦이 꼬리를 물듯 내 삶에 등장했다. 아이들이 안정된 시기엔 부모님이 아프셨고 두 분을 다

보내드리고 나니 내 마음이 너무 우울해서 또 많이 아팠다.

새로운 마음으로 백화점 일을 시작했을 때도 아이들은 기다렸던 것처럼 왜 그리도 자주 열이 나고 아픈지. 일하는 중에 아이들 학교에서 전화가 걸려올 때는 정말 혼이 다 빠질 지경이었다. 차라리 이렇게 불안한 마음으로 일할 바엔 그만두는 게 낫지 않을까. 일하는 엄마들이 하루에도 수십 번도 더 한다는 갈등을 나도 겪었다. '엄마'와 '나'는 어쩌면 평생 분리하기 힘든 단어가 아닐까 생각했다.

너무너무 일이 하고 싶었다. 집을 벗어나 내 일이 하고 싶었다. 일하는 어른들의 대화가 그리웠고, 그 속의 일부가 되고 싶었다. 사춘기 큰아이의 학교 선생님의 걱정이 담긴 전화를 받는 중에도, 기관지염에 걸려 결석한 둘째의 체온을 재면서도, 머릿속으로는 내가 하고 싶은 일을 상상하고 준비했다. 용기를 잃지 않으려고 40~50대 여성들이 일하는 이야기를 많이 찾아 읽고 들었다. 마흔 즈음에 무언가를 새로 시작해서 크고 작은 성공을 이뤄내는 여성들이 의외로 많다는 걸 알게 되었다. 40대에 시작해서 50대에 활발하게 일하며 인생의 황금기를 보내는 분들도 많았다.

살림과 육아와 일로 고달픈 하루를 끝낸 밤이면 일하는 중년 여성들의 이야기를 유튜브로 찾아보는 게 큰 낙이었다. 엄마에서 다시 나 자신으로 돌아오는 시간이 얼마가 걸린다 해도 꼭 찾고 싶었다. 결혼 전에도, 기나긴 육아 기간 중에도 몰랐던 더 다양한 나를 만나고 싶었다.

이런 생각에 푹 빠져 있을 무렵, 이효리가 한 뉴스에 나와 인터뷰하는 걸 보게 되었다. '꿈'이라는 단어가 우리 삶에서 점점 멀어져가는 듯했는데, 이효리의 삶과 이야기를 듣고 있자니 작고 푸른 희망 같은 게 느껴졌다. 그래, 그렇게 서로가 가진 것을 함께 나누고, 공감하고, 있는 그대로 바라봐주고, 서로가 못 하는 걸 도와주면 많은 사람들이 지금보다는 행복하게 살 수 있지 않을까? 가능하지 않을 것들을 좀 더 많은 사람들이 함께 꿈꾼다면.

'가게가 무슨 소꿉장난인 줄 아나?'

내가 처음으로 가게를 하고 싶다고 조심스럽게 고백(?)했을 때, 남편과 시부모님의 표정은 이렇게 말하는 듯했다. 가능하지 않은 것을 꿈꾼다는 말은 이효리 같은 사람이 아니면 할 수 없는 걸까?

그 무렵, 학교 도서관에서 빌려온 책이 너무 재밌다며 아들이 그림책 한 권을 내밀었다. 애벌레 시절에 실컷 맛나게 갉아먹었던 양배추를 나비가 되고 나니 더 이상 먹을 수 없어 아쉬워한다는 내용의 그림책이었다. 빨대 모양으로 길쭉하게 변해버린 자신들의 입을 원망(?)하던 나비들이 채소 가게 주인 아저씨에게 통사정을 했다.

"양배추가 너무너무 먹고 싶어요!"

더 이상 가능하지 않은 걸 꿈꾸는 이 나비들에게 어떤 일이 일어났을까? 마지막을 보지 않고 여기까지만 읽고도 작가의 상상력에 벌써 가슴이 탁 트이는 것 같았다. 책을 보여주며 줄거리를 장황하게 설명하는 아들도 잔뜩 들뜬 표정이었다. 어떻게 나비가 애벌레 시절에 먹던 음식을 그리워할 거란 상상을 했을까?

나비들의 간절한 소망을 들어주기 위해 한참을 고민하던 아저씨는 믹서기를 가져와 양배추를 왕창 갈아버렸다. 녹색의 주스로 변한 양배추를 길다란 컵에 가득 담아 나비들 앞에 내밀었다. 나비들은 그제서야 만족하며 용수철 모양으로 말려 있던 입을 빨대처럼 길게 뻗어 양배추 주스를 단숨에 빨아먹었다는 이야기.

우리는 우리가 하고 싶은 일에 대해 생각할 때 한 가지 방법으로만 생각하며 그것이 가능하다, 불가능하다 쉽게 판단해버리진 않는지. 양배추를 먹을 수 있는 방법이 한 가지에 그치지 않는다는 걸 꼭 기억했으면 좋겠다.

아이들이 자라면서 자신의 꿈을 찾아가는 동안 엄마인

'엄마'에서 '나'로 돌아오는 시간

나도 새로운 꿈과 목표를 향해 나아가고 싶었다. 몇 년 남지 않은 40대 후반을 잘 준비해서 50대엔 내가 정말 원하는 일을 하며 새롭게 시작해보기. 그때는 그게 나의 간절한 꿈이었다.

# 2

----------------

## 나만의
## 창업 비결

― '넘버원'보다 '온리 원'

윤카페
-------------------

나다운 일을 찾는 방법은
여러 가지가 있다.
내가 막연히 좋아하는 무언가,
이유 없이 빠져드는 무언가에도
답이 있다.
내가 좋아하는 대표적인 두 가지는
글쓰기와 요리다.
자음과 모음이 모이고 단어들이 이어져
문장이 되고 이야기가 되어가는 과정은
생각만 해도 행복하고 흥분된다.
요리도 마찬가지다.
각각의 채소와 고기, 생선일 뿐인
식재료들이 다양한 방법으로 썰어져
한 냄비와 후라이팬에서 만나
요리가 되어가는 과정은
희열감마저 든다.

# 창업도 미니멀리즘으로
## ─ 무대출로 시작하다

　나의 첫 에세이 《아날로그로 꽃피운 슬로 육아》에는 일본에서 육아와 살림을 하는 동안 생협 회원들과 텃밭도 함께 가꾸고, 벼농사도 짓고, 된장과 수제 소시지와 과일 잼도 만들어보고, 식생활과 연관된 다양한 경험이 담겨 있다. 직접 만들어 먹는 일은 화학조미료나 첨가물 섭취를 줄여 건강에도 좋지만, 적은 돈으로도 다양한 음식을 만들 수 있어 가계에 적지 않은 도움이 된다.

　20년 가까이 살림을 하는 동안 남편과 나는 불필요한 지출과 외식비, 사교육비 등을 줄여 저금을 많이 했다. 가장 과감하게 줄인 품목은 사교육비였다. 수영 같은 운동 외에

학습을 위한 학원은 보내지 않았다. 큰아이는 한 번도 학원을 다니지 않은 채 대학을 갔고, 둘째는 중학교 때부터 부족한 수학 한 과목만 학원을 다니고 있다. 학원을 보내지 않는 대신 전업주부로 보내는 여유 있는 시간을 활용해 아이들과 학교 숙제만큼은 열심히 했다. 선행학습보다 복습 위주의 공부였다.

사교육비를 줄여 모은 돈은 아이들이 좀 크고 나면, 새롭게 하고 싶은 일이 있을 때 망설임 없이 시작할 수 있도록, 나만의 통장을 따로 만들어 알뜰하게 모았다. 어떤 재테크 책에서 봤던 "푼돈이 모여 큰돈이 된다. 단어가 모여 소설이 되듯"이라는 문구가 생각난다. 물질적인 것이든 아니든 작은 것들을 하나씩 차곡차곡 모아 무언가 의미 있는 것으로 만들어가는 건 내가 아주 좋아하는 일이며 잘하는 일이기도 하다. 인생의 목표가 분명해지면 쓸데없는 데 쓰는 돈이 줄어든다. 그렇게 차곡차곡 쌓여가는 돈을 떠올리면 길을 걷다가도 자다가도 웃음이 난다.

나는 나만의 돈 관리 방법이 있다. 일단 현금 중에서 큰 단위부터 작은 단위 지폐까지, 어릴 때 새뱃돈으로 받았던 빳빳한 새 돈처럼 깨끗한 돈만 골라 지갑에 한 장씩 모은다. 그리고 모든 지폐를 가지런하게 맞춰 지갑에 반듯하게 넣는다. 좀 낡은 지폐들을 먼저 쓰는 동안 조금 구김이 있던 지폐들도 조금씩 각이 잡힌다. 지갑은 항상 두둑해서 마음에 여유가 있고, 깨끗하고 예쁜 돈을 쓰기가 더 아까워져서 쇼핑을 할 때는 꼭 필요한 물건만 사는 습관이 들었다. 한국보다 일본은 아직 현금 활용도가 높다.

이건 내가 신용카드를 거의 쓰지 않기 때문이기도 한데, 어릴 때부터 아버지의 습관을 곁에서 보며 자란 영향도 크다. 아버지는 노동일을 하시면서도 항상 깨끗한 작업복이나 옷차림에, 지갑엔 새것에 가까운 지폐들이 가지런히 꽂혀 있었다. 아마 직접 은행에 가셔서 낡은 지폐들을 새 돈으로 바꾸어 넣어두셨던 것 같다. 우리 형제들에게 용돈을 주실 때도 항상 새 돈을 주시면서 "새 돈 찍어내는 데도 세금이 많이 들어간데이. 깨끗하게 쓰고 아껴서 잘 써라." 하고 말씀하셨다. 넉넉지 않은 살림이었지만 늘 아버지에겐 여기저기 쌈짓돈이 있었고 그 돈들은 우리 가족이 경제적인 어려움에 처했을 때 유용하게 쓰였다.

돈에 관한 한 우리 부녀의 이런 공통점 외에 나만의 특징이 있다. 나는 돈의 현실적인 사용 가치보다는 지폐를 한 장의 그림이나 작품처럼 여기는 것 같다. 여행을 가서도 그 나라에서만 통용되는 지폐를 만지고 보는 것이 그렇게 즐거

창업도 미니멀리즘으로

울 수가 없었다. 세계 각 나라마다 아름답고 독특한 지폐들이 참 많다. 지금은 유로로 통합되어 보기가 힘들지만 1990년대만 해도 프랑스에 가면 '생텍쥐페리'와 '어린 왕자', '보아뱀'이 그려진 50프랑짜리 지폐가 통용되고 있었다. 지금도 여행 후에 남겨두었던 그 50프랑짜리 지폐를 기념으로 잘 간직하고 있다. 호주는 야무진 느낌의 플라스틱 지폐를 쓰고 있었는데 아마 지폐의 수명을 길게 하려는 이유 아니었을까. 유럽 중에서는 이탈리아의 화폐가 가장 너덜너덜(?)했던 걸로 기억하는데, 나라마다  화폐를 사용하는 습관이나 태도도 저마다 다르다는 걸 여행하면서 많이 느꼈다.

아버지께 어릴 때부터 세뇌(?)를 많이 당해서 그런지 모르겠지만, 우리 모두가 돈을 되도록 깨끗하고 소중하게 쓰는 습관을 어릴 때부터 연습했으면 한다. 불필요한 세금을 줄일 수 있으니 나 개인의 절약을 넘어 우리 모두의 돈을 아끼는 차원에서 아이들과 한 번쯤은 얘기를 나눠봐도 좋을 것 같다.

《곤충기》로 유명한 파브르는《식물기》도 썼는데, 그 책을 보면 이런 이야기가 있다.

양파는 자식들을 위해 저금을 많이 한 부모 같다.

내 재테크 경쟁자는 투자나 부동산을 잘하는 사람이 아니라, 바로 양파였다! 양파처럼 단단하고 야무지게 새끼들을 위해 알차게 양분을 모으는 사람이 되고 싶었다. 이렇게 쓰고 보니 좀이 아니라 많이 변태 같지만, 나는 다시 태어난다면 화폐 박물관 같은 곳에 취직하고 싶다. 큰 능력은 없어 많은 돈을 모아보지는 못했지만 돈에 대한 나의 엉뚱한 감성과 애착이 지금까지 돈 관리를 잘하게 된 비결인 것 같다.

결혼 이후 쭉 실천해온 미니멀리즘의 생활 방식도 창업에 큰 도움이 되었다. 미니멀리즘이 꼭 적은 물건으로 사는 생활 방식만을 뜻하진 않는다고 생각한다. 단순한 삶을 위해 내가 오랜 시간 동안 실천해온 몇 가지가 있다.

1. 무의미한 소비 줄이기, 특히 커피는 꼭 필요한 경우 외엔 사 먹지 않기
2. 집에 쌓인 쓸데없는 물건을 정리하고, 이미 가지고 있는 것 중에서 활용하기
3. 생각을 줄이고 먼저 행동하기
4. 과잉 육아, 과잉 효도 줄이기
5. 무의미한 모임 자리 줄이기

창업도 미니멀리즘으로

## 6. 나를 힘들게 하는 인맥 정리하기

개인차가 있다고 쳐도, 한 사람이 가진 전체 에너지는 크게 다르지 않을 것이다. 삶이라는 것은 선택과 집중을 할 수 있는 대상을 확실하게 정해 한정된 나의 에너지를 어떻게 잘 분배해서 쓰느냐에 따라 크게 달라진다고 믿었다. 결혼한 여성의 경우, 특히 전업 주부로 사는 동안은 나를 힘들게 하는 인맥과 무의미한 자리에 참석하느라 적지 않은 시간과 비용을 들이는 경우가 참 많다.

대부분이 아이 때문에 맺은 관계를 관리하고 유지하느라 정서적 소모도 많아진다. 나 역시 그랬다. 아이 때문에 어쩔 수 없다고 여기며 참고 고민하느라 허송세월을 참 많이도 보냈다. 나에게는 불필요한 교육 정보를 들으며 분위기에 휩쓸리거나 불안해질 때도 많았다. 그때 내가 그렇게 공을 들였던 인간관계가 지금은 거의 남아 있지 않다. 혹시 이런 관계 때문에 힘든 사람이 있다면 하루라도 빨리 마음을 거두는 게 낫다. 법정 스님의 글 〈함부로 인연을 맺지 마라〉에 이런 구절이 있다.

진정한 인연과 스쳐가는 인연은 구분해서 인연을 맺어야 한다. 진정한 인연이라면 최선을 다해서 좋은 인연을 맺도록 노력하고 스쳐가는 인연이라면 무심코 지나쳐버려야 한다. 그것을 구분하지 못하고 만나는 모든 사람들과 헤프게 인연을 맺어놓으면 쓸 만한 인연을 만나지 못하는 대신에 어설픈 인연만 만나게 되어 그들에 의해 삶이 침해되는 고통을 받아야 한다.

어떤 사람과 있을 때 내 마음이 힘들고 불편하거나 집에 돌아와서 아이나 남편에게 짜증을 내게 된다면 그 관계는 내게 필요한 관계가 아니다. 불편한 인간관계를 유지하기 위해서는 엄청난 심적 에너지가 필요한데 그런 에너지를 나의 성장, 아이의 성장을 위해 쓰는 게 훨씬 낫다. 좋은 사람들은 앞으로 얼마든지 만날 수 있다. 나도 아이도 마찬가지다.

무의미한 소비, 인간관계, 순간의 욕망으로 사들인 물건들을 조금씩 정리하고 나면 내 삶이 훨씬 단순하고 아름다워진다. 비워졌으니 꼭 유형의 것이 아니라도 새로운, 좋은 것으로 채우고 싶어진다. 돈은 그 중의 하나일 뿐이다. 유형의 돈을 모으게 하는 것은 무형의 마음이라는 말이 있다. 내 마음과 생활이 먼저 정돈되어야 유형의 돈이 들어온다. 진정한 미니멀리즘이란 이런 게 아닐까.

이런 생각들로 생활하던 시절은 지금 생각하면 참 행복했다. 집은 늘 단정하고 아름다웠고 부엌은 구질구질한 것들이 아무것도 놓여 있지 않은 넓은 조리대가 있어 언제든 요리를 할 수 있었다. 청결한 부엌에 들어서면 피곤하다가도 뭔가 만들어보고 싶은 의욕이 샘솟았다. 학원을 다니지 않았던 아이들은 늘 시간이 충분했고 학교 숙제만 끝내면 언제든 편안하고 즐겁게 지냈다. 그런 모습을 보는 나도 행복했다. 불안한 마음이 들지 않았다.

학원이나 과잉 육아로 불필요한 소비를 줄여 여유가 생기면 우리 가족이 좋아하는 여행을 다니며 즐겼다. 현재를 위한 돈과 미래를 위한 돈을 알차게 모으고 있었고 남들 다 보내는 학원 대신 아이들이 꼭 받고 싶어하는 교육이 있다면 그때 쓰고 싶었다. 지금 생각해도 육아야말로 미니멀리즘이 가장 절실한 부분이다.

결혼 생활 20여 년 동안, 오로지 나만을 위해 쓸 수 있도록 모은 돈은 5000만원 정도였다. 일본에 온 뒤 아이들을 키우면서 한국어 강사 알바로 오랜 시간 동안 천천히 모은 돈과 짧은 기간이지만 백화점 일을 하며 집중적으로 벌어서 모은 돈이 알뜰히 모였다. 아주 작게라도 뭐든 시작할 수 있겠다는 생각이 들었다. 어떤 면에선 무척 소심한 나는(어쩌면 이런 소심함이 돈을 모으게 해주었는지도 모른다) 뭔가를 하고 싶다가도, 모아둔 돈이 아까워 그걸 깨고 싶지 않은 욕망에 또 많이 흔들렸다. 자칫 잘못하다간 한 푼도 남지 않고 물거품처럼 사라질 수 있다는 두려움, 실패했을 경우 가족과 주변 사람들의 비난과 잔소리가 벌써부터 들려오는 것 같아 괴로웠다. 더구나 여긴 물가와 집세와 세금 등 모든 게 비싼 일본, 그것도 도쿄가 아닌가. 운이 좋아 그 정도 돈으로 시작한다 해도 여유 자금이 없어서 힘들지 않을까 걱정도 되는, 딱 그 정도의 돈이었다.

그러자니 기회가 와도 섣불리 시작하는 게 두려웠다. 누군가에겐 우스울 만큼의 돈일 수도 있겠지만 소중하게 모은 나만의 돈이 금세 없어지는 것도 아까웠다. 더구나 이제 익숙해지고 인정받기 시작한 백화점 레스토랑 일을 그만두는 것도 아까워 그냥 이대로 익숙한 일을 하며 자금도 더 모으고, 아이들이 좀 더 클 때까지 1, 2년만 더 미루면 마음 편히 더 준비할 수 있을 것 같았다.

그런데! 한편으로는 이런 생각도 들었다. 이왕 이렇게 태어났는데 내가 번 돈도 내 의지대로 한번 써보지 못하고 인생이 끝난다 생각하니 그렇게 억울할 수가 없었다. 엄마, 아버지의 마지막을 지켜본 뒤라 더욱 그랬다. 다 날리는 한이

창업도 미니멀리즘으로

있더라도 내 인생을 위해 투자해보고 싶었다. 실패한다 해도 그걸 통해 배우는 게 있을 거라고. 아니 그것보다, 실패할 확율을 최대한 줄이기 위해 내가 그동안 갈고 닦아왔던 실력을 믿고 활용해보고 싶었다.

나답게, 창업도 미니멀리즘으로 해보고 싶은데 과연 현실이 될 수 있을까?

# 드디어,
# 기회가 왔다


　순두부 레스토랑에서 파트타임으로 일을 하면서 카페나 음식점을 개업할 수 있는 자격증 준비를 했다. 일본에서는 '식품 위생 책임자' 자격증을 따야 개업을 할 수 있는데 처음엔 일 못하고 실수가 많다고 야단만 치던 점장에게 조금씩 인정을 받게 되면서 실제 음식점 경영에 필요한 생생하고 다양한 정보를 들을 수 있었다.

　재료비 원가와 인건비 계산을 어떻게 하는지, 짧은 시간에 매출을 올리려면 어떻게 해야 하는지, 손님 대응은 어떻게 해야 하는지 등등. 귀가 솔깃해지는 얘기들이었다. 그리고 카페나 음식점 자격증은 의외로 따기 쉽다는 것, 한번 준비해두면 평생 일본 전국 어디에서든 자기 가게를 개업할 수 있다는 것, 그만큼 문턱이 낮으니 많은 사람들이 쉽게 자영업에 도전했다 몇 년 사이에 폐업하는 경우가 많다는 얘기까지. 아마 혼자서 막연히 생각했을 때는 제대로 알아보지도 않고 외국인인 내가 그런 자격증을 딸 수 있을까 지레 겁먹고 미리 포기하고 말았을 것이다.

정성스레 화장을 하고 머리도 단장해서 자격증에 들어갈 사진을 예쁘게 찍었다. 드디어 자격증을 손에 넣은 날! 내일이라도 당장 기회만 오면 나는 내 가게의 오너가 된다! 그 무렵 동갑내기 한국인 친구에게서 연락이 왔다.

"영희야, 내가 아는 후배 지인 분이 한국 식당을 운영하시는데 새로 맡아줄 사람을 찾고 있나 봐. 원래는 한국어학원을 운영하시는 분인데 식당까지는 버거워서 처분하려고 한대. 너 가게하고 싶다고 했잖아. 혹시 생각 있어?"

병은 소문내라는 말. 아직 한국에서 통용되는지 모르겠다. 나는 내가 관심이 있거나 다양한 사람의 정보가 필요할 때 만나는 사람마다 입버릇처럼 말하곤 한다. 그때도 그랬다. 가게를 해보고 싶다, 그러니 주변에 그런 기회가 있거나 정보가 있으면 꼭 알려달라고. 그런데 생각보다 너무 빨리 기회가 왔다. 두근두근, 설레임보다 두려움이 더 컸던 것 같다. 그래서 일단 가게를 직접 보고 꼭 마음에 들지 않으면 그냥 정말 보고만 오자며 마음을 비웠다.

그렇게 찾아간 곳은 1층은 한국 식당, 2층은 한국어 교실로 이루어진 자그마한 2층 단독주택처럼 생긴 건물이었다. 주방도 넓고 시설도 충분했다. 그쪽에서 제안한 가격도 급매 상황이라 누가 들어도 놀랄 만큼 파격적인 가격이었다. 2년이 채 되지 않아 아직 새것 그대로인 업무용 냉장고에 가게 물건 모두를 그대로 다 넘기겠단다. 자기는 요리도 잘 모르고 한국어 학원 운영만 집중해서 하고 싶다. 지금 여러 사람이 이 가게를 호시탐탐 노리고 있다고도 했다. 하긴 가게를 하고 싶은 사람이라면 이런 기회는 두 번 다시 없을 듯했다.

제안은 놀랍지만 50대 여성으로 보이는 당시의 사장에게서 받은 인상이 왠지 모르게 불안했다. 무언가에 쫓기는 사람마냥 빨리 이곳을 처분하고 싶어하는 모습에서 이 가게에 뭔가 문제가 있나? 하는 의구심을 품게 했다. 나더러 인상이 좋다, 꼭 윤 상이 했으면 좋겠다, 이 정도 가격이면 거저 아니냐며 적극적으로 권했지만 나는 직접 본 것만으로도 충분하다 생각하며 집으로 돌아왔다.

그리고 돌아와서 매일매일 상상했다. 내가 그 가게 주인이 되는 상상. 꿈을 꾸듯 상상의 나래를 펼쳤지만 나의 이성은 아냐, 현실은 다를 거야, 그동안 아끼고 아껴서 모은 돈 다 날리고 가족들한테 민폐만 끼치고 몇 달 만에 폐업할 지도 몰라, 그러니 지금처럼 알바하며 좀 더 천천히 기다려 보자, 내가 하고 싶은 건 카페 분위기의 가게지? 근데 거긴 너무 식당스럽지 않니? 좀 더 시간도 벌고 돈도 벌면서 좋은 가게를 만날 때까지, 이대로 안전하게, 좋지? 오케이?

그렇게 마음을 정리하고 일상으로 잘 돌아왔는데, 며칠 뒤 친구에게서 또 연락이 왔다.

"영희야, 그 한국 식당 사장님이 너랑 통화하고 싶대. 네 연락처 알려줘도 될까?"

겨우 마음을 다스렸는데 왜 또 이러나, 하면서도 내심 무슨 얘긴지 궁금해서 견딜 수가 없었다. 절대 꼬임에 넘어가지 않겠다는 각오를 단단히 하고 일단 들어보기로 했다(흔히 하는 얘기겠지만, 외국 나가면 한국 사람 조심하라는 말들을 많이 하는데, 슬프게도 현실이 그렇다).

주방 냉장고나 설비, 식기 등을 사 간다는 사람이 있어 그 사람에게 비용의 반을 받을 수 있으니 내게 처음에 제안한 가격의 반만 내면 1, 2층 가게 전부를 넘기겠다는 것이다. 속으론 너무 놀랍고 기쁘면서도 악마가 유혹하면 이런 기분일까 싶을 만큼 너무 괴로웠다. 불안하고 무서웠지만 놓치기엔 너무 아까웠다. 남편에게 연락하니 남편도 깜짝 놀란다. 정말 우리가 차 한 대 비용 정도만으로 가게를 얻을 수 있다는 거야?

일단 며칠 생각할 시간을 달라고 했다. 적은 돈이지만 오랜 시간 동안 차곡차곡 모아온 자금도 있고, 체력도 있고, 경험도 있고, 자격증까지 갖췄다. 그럼에도 불구하고 몹시 두려웠다. 막상 멍석이 깔리니 도망가고 싶은 마음이 앞섰다. 이럴 땐 어떻게 해야 할까. 내 인생에서 가장 많이 고민한 시간이었다.

1층 가게뿐 아니라 한국어 교실이나 사무실, 행사로 이용할 수 있는 넓고 깨끗한 2층 공간까지 있다는 사실이 가장 매력적이었다. 월세가 비싼 게 걸리기도 했지만 가게와 교실을 동시에 운영할 수 있다는 점은 매출도 다양하게 발생할 수 있는 가능성으로 다가왔다. 게다가 그해는 2020년 도쿄에서 올림픽이 개최되는 해였다. 잘하면 올림픽 효과를 누릴 수도 있지 않을까? 여름밤 올림픽 축구 한일전이 열리는 날, 내 가게에 한국 사람 일본 사람이 한가득 모여 맥주와 한국 음식을 먹으며 경기를 구경하는 모습을 상상하며 흐뭇해했다.

드디어, 기회가 왔다

하루에도 열두 번 마음이 왔다갔다 했다. 이런 기회가 쉽게 오지는 않을 듯한 직감이 들었다. 그리고 2020년이 막 시작되었을 무렵, 나는 도쿄의 마치다 시에 있는 작은 건물을 내 이름으로 계약했다. 전 주인에게 지불한 권리금, 부동산 계약에 필요한 보증금, 화재보험금, 몇 달치 월세 등을 합해 3,500만 원 정도를 지불하고 난 뒤 가게는 드디어 내 명의가 되었다. 보건소에서 개업 허가를 받고 세무서에 개업 신청서를 제출하느라 동분서주하면서 나는 그제야 일본 사회를 제대로 경험한다는 기분이 들었다. 누군가의 아내, 엄마, 딸, 며느리가 아니라 진짜 내가 된 것이다. 그것도 외국에서. 무엇보다 무대출로 새로운 시작을 할 수 있다는 게 제일 안심되었다. 왕창 실패한다 해도 적어도 빚은 남지 않으니까. 돈을 모아두길 정말 잘했다!

지금 이 선택이 부디 '눈을 감고 걸어도 맞는 길을 고른' 선택이 되어주기를 간절히 바랐다.

# 1층은 카페,
# 2층은 한국어 교실

　내가 계약하기 전 2년 정도 한국 식당으로 운영되었던 이 가게는 밤 11시까지 영업을 했다고 한다. 일본 내에 있는 한국 식당들이 거의 그렇듯이 저녁에는 삼겹살에 술을 먹는 손님들이 많다. 그래선지 계약을 하고 완전한 내 가게가 되어 다시 살펴본 가게 내부는, 내가 손님처럼 와서 구경하듯 봤을 때와는 많이 달랐다. 홀 식탁은 물론 주방 전체가 기름때 범벅이었다.

　남편과 나는 긴 장화를 신고 특수 고무장갑으로 무장을 하고 일단 청소부터 시작했다. 주방 설비들을 조금씩 옮기며 정리를 하다 보니 보이지 않는 곳의 위생 수준은 끔찍할 정도였다. 구석구석 담배꽁초까지 발견하고는 경악을 금치 못했다. 아니, 불을 쓰는 주방에서 담배를 피우다니! 이전 가게 주인에게 당장 전화를 걸어 따졌다.

장황한 이야기를 듣고 보니 이전 가게의 주인은 요리와 음식점 경험이 전혀 없는 사람이었고, 조리를 담당하는 분은 직접 소개소를 통해 고용했다고 한다. 조리하시는 분은 한국 음식점 경험이 많은 60~70대 분이셨는데 이분이 담배를 피우시는 탓에 그렇게 된 모양이라는 설명이었다.

전 주인은 이미 알고 있었던 게 분명하다. 내게 그 사실을 말하기 민망하니 직원들 핑계만 대고 있었다. 관리가 안 된 공간은 여러 가지를 말해주고 있었다. 오래된 건물이긴 했지만 새로 리모델링을 해서 깨끗한 편인데도 관리를 제대로 못 해 2년도 안 되어 가게 문을 닫고 만 것이다.

내가 만약 이곳을 정리하고 떠날 때는 정성스럽게 잘 관리해서 마무리를 잘하고 다음 사람에게 이어줘야겠다고 마음먹었다. 그 사람이 한국 사람이라면 더더욱. 그런 생각을 하면서 폭풍 청소를 하고 있는데 가게 앞을 지나가던 사람들이 툭 하면 문을 열고 외친다.

"여기 언제부터 다시 영업해요? 지금 예약해도 되나요?"

"김치 있어요? 언제 오면 살 수 있어요?"

"오늘 저녁 장사 하나요?"

"전에 여기 감자탕이 너무 맛있었는데 주문해도 돼요?"

청소는 안 했어도 맛은 있었나 보다. 기다리는 손님이 많다는 것만으로도 조금은 안심이 되었다.

겨우겨우 1층 청소와 정리를 끝내고 나니 이제 2층. 그곳은 교실이나 회의 공간으로만 사용했는지 리모델링했을 때와 크게 달라진 게 없어 보였다. 간단하게 쓸고 닦는 정도만으로 청소는 끝났다. 근데 이렇게 작지 않은 규모에 괜찮은 가게를 왜 그렇게 도망치듯 빨리 처분하려 했을까. 지금은 잠잠하지만 나중에 큰 문제라도 드러나는 것 아닐까 내심 걱정도 되었다.

아니나 다를까, 오픈하고 1년 동안은 전 가게 주인이 남기고 떠난 문제들이 틈만 나면 드러났다. 코로나와 함께 그 문제들은 나를 정신적으로 무척 힘들게 했다. '먹튀'라는 말이 이래서 나온 말이구나 싶었다. 선심 쓰듯 가게에 남기고 간 커다란 TV는 전원을 연결하고 보니 고장이 나 있었고 업무용 냉장고는 너무 낡아 쓰기가 두려웠다. 한마디로 전 주인은 쓰레기를 남기고 간 것이다.

꼼꼼히 확인 못 한 내가 바보 같아서 견딜 수 없었다. 그런데 그때는 너무 바빠 화를 낼 틈도 없었다. 쓰레기야 처분

1층은 카페, 2층은 한국어 교실

하면 된다. 큰일은 아니다. 그런데 계약 과정에서 의심스러운 부분이 있어 확인이 필요해 연락을 했을 때, 정말 뚜껑이 열리는 기분이었다. 궁금한 점에 대해 있는 그대로 그냥 애기해주면 끝날 일인데 전 주인은 나중에는 전화도 받지 않고 연락을 아예 끊어버렸다.

부동산 업자와 같이 그의 사업장에 직접 찾아갔다. 갑작스레 들어선 우리를 보고 당황한 전 주인은 계약 단계에서 구렁이 담 넘어가듯 슬쩍 빼놓은 서류에 그제야 마지못해 도장을 찍어주었다. 그 과정에서도 끊임없이 온갖 핑계를 대며, 윤 상은 정말 까다로운 사람이라며 불만스러워 했다. 일본인 부동산 업자 앞에서 한국인끼리 다투는 모습을 꼭 보여야 했냐며 따지듯 말했다. 문제는 자신이 먼저 만들고 남 탓만 하는 꼴이라니. 지금 생각해도 분한 마음이 가시질 않는다.

작은 것을 하나 결정할 때도 이것저것 따지는 게 많은 내가, 그녀에게 가게를 넘겨받은 건 몇 가지 이유가 있었다. 고향이 같은 이유도 있었고 이혼한 뒤 여자 혼자 몸으로 외국에서 자수성가한 스토리가 꽤 감동적이었다. 아이가 고작 다섯 살 때 일본인 남편과 이혼하고 워킹맘으로 살게 되었는데 위자료와 양육비를 한 푼도 받지 못했단다. 몇 년에 걸친 지루한 재판 끝에 겨우 위자료를 받아 작은 한국어 교실을 열었고, 한류의 영향으로 어학 교실이 점점 인기를 얻은 덕분에 내가 지금 인수한 한국 식당까지 운영하게 되었다는 이야기였다.

처음 만났을 때 그녀가 보통의 한국 아줌마들과는 좀 다른 느낌이었던 것이 그 이야기를 듣고 나서는 이해가 되었다. 사업을 하면서 닥치는 자잘한 문제들을 감정적으로 대하지 않고 하나씩 차근차근 해결해가는 모습이 멋있었다. 선뜻 용기를 내지 못하는 나에게 선배 여성으로서, 일본 사회를 더 깊이 경험한 사업가로서 해준 조언들이 적지 않은 도움이 되었다. 그런데 좋았던 건 딱 거기까지였다.

그럼에도 불구하고! 내 코가 석 자라며 남이 받을 피해는 안중에 없다니. 나는 끝까지 포기하지 않고 찾아가 더 이상 문제가 드러나면 참지 않겠다며 엄포를 놓고 돌아왔다. 그녀는 나를 '이 구역의 미친년' 보듯하며 두 번 다시 만나기 싫다는 표정으로 돌아섰다.

어쨌든 문제는 잘 마무리되었지만 지금도 몹시 씁쓸한 기억으로 남아 있다. 외국에서 한국 사람과 같이 일을 하는 과정에서 문제가 생기면 참 힘들다. 순리대로 해결하려 하면 같은 나라 사람끼리 너무한다 하고, 참고 넘어가자니 무섭도록 자기 이익만 챙기려 든다. 물론 좋은 사람이 더 많지만 일 관계로 잘못 얽히면 마지막까지 잘 지내기가 참 쉽지 않다.

이래저래 마음이 어지러워도 상심해 있을 새도 없는 나날이 이어졌다. 청소와 가게 정리가 거의 끝나가자 새 냉장고와 주방 설비들도 도착하고 착착 준비가 되어갔다. 가게 앞을 지나가던 사람들은 날이면 날마다 언제 오픈하냐고 문을 두드리며 물어보거나 창밖에서 한참을 들여다보거나 했다. 그럴수록 불안이 엄습해왔다. 내가 정말 잘할 수 있을까, 지금이라도 그만둘까, 진상 손님이 오면 어떻게 대처하나, 일본어로 다 잘할 수 있을까. 걱정과 불안이 꼬리에 꼬리를 물었다.

드디어 오픈 날짜가 정해졌다. 대학생과 주부 몇몇으로 이루어진 아르바이트 직원도 기본 연습을 마쳤다. 그렇게 오픈한 첫날은 지금도 잊을 수가 없다. 음식을 잔뜩 해두고 손님을 맞는데, 모두가 덤벙대고 직원들 간의 손발도 맞지 않았다. 나는 뒤돌아서 눈물이 날 만큼 크게 한숨을 쉬었다. 그때 너무도 선명하게 떠올랐던 단어는 바로 오.합.지.졸!

뭐든 딱딱 떨어지게 각을 맞추고 일사불란해야 직성이 풀리는 내 성격에는 성이 차지 않았다. 하지만 음식점은 역시 맛이 가장 중요한 모양인지 아직 어설픈 접객과 서비스에도 불구하고 어떤 메뉴든 다 맛있다고 칭찬이 자자했다. 그도 그럴 것이 그동안 짧지 않은 세월 동안 한국 요리를 만들어 다양한 일본인들의 반응을 들은 경험이 있는 나는, 일본인들이 한국 음식에 대해 어떤 맛과 서비스를 기대하는지 잘 알고 있었다. 아직 어설프고 부족한 부분은 진심을 다한 친절로 보답했다.

첫 한 달은 '오픈발'도 있었겠지만 점심시간마다 만석이 되고 입구에 줄을 서기도 했다. 호떡집에 불이 난 것처럼 매일이 눈코 뜰 새 없이 바빴다. 거의 혼이 빠진 상태로 해도 해도 끝이 없이 가게 일을 했던 것 같다. 회사 일을 마치고 가게 뒷정리를 도와주러 온 남편과 밤늦게 집으로 돌아갈 때는 이거 우리가 잘한 선택일까? 서로 말은 하지 않지만 둘 다 그런 생각을 하고 있을 게 뻔했다. 집에서는 아직 저녁을 먹지 못한 아이들이 기다리고 있고, 우리는 그동안은 거의 시켜 먹지도 않았던 배달 음식을 주문해서 먹곤 했다. 그리고 나서도 일은 여전히 남아 있었고, 부족한 식재료를 사러 나가면 아이들은 엄마 아빠를 또 기다려야 했다. 무슨 소용돌이 속에 빠져 허우적대는 것 같기도 하고, 아이들이 방치되는 것 같아 마음이 많이 안 좋았다.

1층은 카페, 2층은 한국어 교실

내가 가게를 시작한 걸 보고 용기를 내어 한국 요리 테이크아웃 전문점을 오픈한 한국인 지인 부부가 있었다. 시작한 지 얼마 되지 않아 피로와 근심이 가득한 내용의 카톡이 왔다.

"너무너무 힘들어요. 한 달 했는데 1년은 지난 것 같아요. 아이들은 방치되고. 도대체 이 힘든 걸 어떻게 하셨어요?"

2년이 지난 지금, 그 지인 부부는 안정되게 잘 운영하고 있다. 얼마 전 '그래도 시작하길 잘했지?'라고 물으니 웃으며 고개를 끄덕였다. 그러니 처음 힘든 것을 너무 두려워하면 안 된다. 변화의 시기엔 누구나 힘든 과정을 거치기 나름이다.

오픈 당시는 몹시 피곤하고 정신적으로도 혼란스러운 시간이었다. 하지만 매일 적지 않은 돈이 들어오는 게 신기하기도 하면서도 뭐가 어떻게 돌아가는지도 잘 모른 채 정신없이 하루하루를 살았다. 그래도 손님이 이렇게 처음부터 끊이지 않고 찾아오는 게 너무 신기하고 뿌듯했다. 수많은 감정들이 하루에도 수십 번 교차하는 날들이 이어졌다. 그렇게 열심히 한 달 장사를 하고 났더니, 세상이 갑자기 난리가 났다.

# 오픈 한 달 만에 덮친
# 코로나 사태

2020년 4월, 일본에서는 '긴급사태선언'이 발표되었다. 잠시 유행하다 잠잠해질 거란 예상과는 달리 사태는 심각했다. 그때 전 세계 어느 나라나 다 그랬듯이 감염자 수가 급격히 늘어 거리에는 사람들이 갑자기 사라졌다. 가게 문은 열었지만 누구도 얼씬도 하지 않았다. 코로나도 무서웠지만 이런 시기에 가게를 시작한 내가 너무 어리석었다는 자책에 마음이 괴로웠다. 기가 막힌 타이밍으로 나에게 관리도 제대로 안 된 가게를 넘기고 목돈을 받아 야반도주하듯 사라진 전 주인이 야속하기만 했다. 그러나 아무도 알 수 없는 일이었고 누구도 원망할 수 없는 일이었다. 상황을 지켜보는 수밖에 없었다.

일본 정부는 각 음식점과 백화점 등에 임시휴업을 하거나 야간시간 단축 영업을 하도록 지침을 내렸다. 며칠 고민하다 우리 가게도 저녁 5시까지로 영업 시간을 단축, 테이크아웃 영업만 하기로 결정했다. 바뀐 영업 시간과 도시락 등의 테이크아웃 메뉴가 쓰인 전단지를 급하게 만들어 가게 앞에 붙이던 때가 지금도 생생하게 떠오른다.

한 치 앞을 모른다는 기분이 이런 걸까. 테이크아웃 메뉴는 남녀노소 누구나 먹기 쉬운 메뉴로 구성하고 가격도 5,000~6,000원 단일 가격으로 저렴하게 정했다. 어쩌면 가게 음식 맛을 손님들이 기억하게 되는 기회가 되지 않을까, 하는 생각도 있었지만 정말 어떻게 될지는 아무도 몰랐다. 그렇게 4월 초부터 언제까지가 될지 모르는 긴급사태 기간이 시작됐다. 나와 조리가 어느 정도 가능한 주부 직원 한 사람만으로 인원을 줄여 테이크아웃 영업을 시작했다.

점심과 저녁 영업을 없애고 테이크아웃 준비만 하면 되니 해야 할 일과 부담이 훨씬 줄었다. 점심과 저녁 영업으로 들어오는 수입이 없어지는 점은 많이 아쉬웠다. 손님 한 사람 한 사람이 테이블에 앉아 식사와 음료, 디저트, 맥주까지 마시고 계산하는 금액은 적지 않다. 그런 매출이 몇 분에 한

오픈 한 달 만에 덮친 코로나 사태

번씩 이뤄지는 맛(?)을 한 달 동안 누리다가 갑자기 그게 없어진다 생각하니 아쉽고 앞으로가 두렵기도 했다.

긴급사태선언이 발표되고 직장을 다니던 사람들도 거의 재택근무를 하면서 차차 도시락이나 테이크아웃 음식을 사러 손님들이 가게 문을 두드리기 시작했다. 문을 닫은 가게들이 워낙 많고 테이크아웃 영업을 하는 가게도 많지 않다 보니 배달 음식이나 도시락을 찾는 수요가 많아진 것이다. 그 중에서도 한국 음식으로 도시락을 만들어 파는 가게는 손에 꼽을 정도라 승산이 있어 보였다. 가격을 저렴하게 내린 것도 큰 이유 중의 하나였는데 하나 살 걸 두 개, 세 개 골라 다양하게 맛을 보고 다음 주문으로 이어졌다.

김밥, 야채전, 김치전, 잡채, 양념치킨, 김치찌개 중에서도 가장 인기 있었던 메뉴는 흰 밥 위에 김자반을 뿌리고 잡채, 전, 양념치킨, 삼색나물, 김치로 구성된 도시락이었다. 하나의 도시락으로 우리 가게의 기본 메뉴들을 다 맛볼 수 있고 가격까지 부담 없으니 손님 입장에서도 득이 되고 가게 입장에서도 한번에 음식 맛을 소개할 수 있어 윈윈이 되는 효자 메뉴였다.

특히 내가 주력했던 메뉴는 양념치킨이었다. 시판되는 소스는 너무 달고 흔한 맛이라 유튜브를 엄청 찾아본 뒤, 여러 레시피를 새롭게 구성하고 연구해서 양념 비율을 맞췄다. 뭐니 해도 음식 맛의 비결은 '균형' 아닐까 싶다. 달콤하고 맵고 새콤하고 마늘의 톡 쏘는 맛이 하나로 조화가 되도록 비율을 적절히 조절하는 것이 중요하다. 심사숙고와 여러 시도 끝에 치킨 양념을 완성한 날, 함께 일하던 주부 직원의 감격해하던 표정이 지금도 잊히지 않는다.

그때 완성된 우리 가게의 간판 메뉴 양념치킨은 지금까지도 가장 사랑받는 메뉴이다. 다른 가게에는 없는 한국 요리 테이크아웃은 점점 입소문이 나면서 주문이 몰려들기 시작했다. 직원과 나, 단 둘이서 점심 먹을 새도 없이 아침부터 저녁까지 요리를 하고 또 했다. 4월 말부터 5월 초 기간은 일본의 황금연휴로 사람들이 가장 돈을 많이 쓰는 시기이다. 여행도 못 가고 친구나 친지들과도 만날 수 없고 아이들까지 집안에서 갇혀 긴 연휴를 보내게 된 터라 테이크아웃 음식이 인기였다. 이 연휴 기간 동안, 가게 오픈 전부터 사람들이 줄을 섰다. 만드는 대로 팔리고 가게 밖에서 1시간 가까이 기다렸다 사 가는 사람이 있을 정도였다. 한 달 매출이 세상에! 1,000만 원이 훨씬 넘었다. 힘들고 고단했지만 적어도 맛만큼은 이걸로 된 거구나, 초심을 잃지 않고 이 맛을 더 발전시켜 나간다면 코로나가 당분간 지속된다 하더라도 폐업은 피할 수 있겠구나, 조금은 안심이 되기도 했다.

너무 맛있다며 거의 매일 음식을 사러 오는 손님들, 감염 위험 때문에 차에서 내리지도 못하고 도시락을 기다리는 임산부 손님, 매일 비빔밥을 사러 오셨던 90세가 넘은 할아버지 손님, 곧 결혼할 예정이었는데 약혼자가 인도에 있어 생이별 중인 아가씨 손님…. 장애 아이가 있어 외출이 어려운 이웃집 손님에겐 직접 배달도 해드렸다.

모두가 힘든 시기였다. 그래서 서로 더 살갑게, 진심으로 대할 수 있었다. 시원한 쥬스나 커피를 두고 가시는 손님도 있었고, 윤카페 도시락이 있어서 얼마나 다행인지 모른다며 작은 선물도 주시고, 아침에 출근하면 가게 입구에 '어제 잘 먹었어요'라는 메모와 함께 초콜릿이 든 작은 쇼핑백이 걸려 있기도 했다. 코로나 때문에 무섭기도 했지만 이렇게 달콤한 마법 같은 일들이 일어나기도 하는구나 싶어 신기하고 이상하지만, 뿌듯하고 보람된 시간들이었다.

## 가장 고통스러웠던 첫해
— 통장에 잔고가 없다!

　태어나서 50년을 살아왔지만 가게를 오픈한 첫해만큼 불안에 떨었던 적은 없었다. 무대출로 부담 없이 시작했다고는 해도 건물 하나를 임대해서 가게를 운영하는 일은 생각했던 것보다 훨씬 비용이 많이 들었다.

　가장 부담스러웠던 건 매달 그 날짜만 되면 사라져가는 집세와 인건비였다. 1층 가게와 함께 한국어 교실을 바로 시작할 예정이었던 2층 공간은 텅텅 빈 채로 몇 달이 흘러갔다. 식재료비, 전기, 수도, 가스는 물론 쓰레기 수거비, 광고비, 전화요금… 돈 나갈 일들이 줄지어 내 지갑 앞에 대기하고 있는 기분이 들었다. 게다가 갑자기 화장실과 에어컨

이 고장나거나 배수관이 막혀 예상치도 못한 큰돈이 수리비로 새어 나가기도 하고, 가게 오픈 전에 급하게 카드결제로 사들인 물건값이 한두 달 후에 우수수 통장에서 빠져나갔다. 보기만 해도 흐뭇하던 통장 잔고들은 차례대로 단위가 줄어들어갔고, 이러다 우리집 생활비까지 끌어다 쓰는 건 아닐까 싶었다. 그때 큰아이가 고2였는데 대학 입학금은 괜찮을까, 오만 걱정이 다 밀려왔다. 이래서 창업한 사람들이 여유 자금을 넉넉하게 준비하라고 그렇게 강조해서 얘기했구나 싶었다.

코로나 사태가 어찌 전개될지 모른다는 불안이 나를 가장 소심하게 만드는 원인이었다. 2020년 여름 무렵엔 긴급사태 기간이 끝나면서 가게도 정상 영업에 들어서는 듯했다. 그러나 그것도 잠시, 몇 달 뒤 다시 긴급사태가 선포되었다. 들쭉날쭉해도 어찌됐든 매일 수익이 발생하는데도 어찌나 불안했던지 잡채나 전에 넣을 당근, 양파 한 조각을 썰다가도 잘못해서 바닥에 떨어뜨리기라도 할까봐 조심조심하던 날들…. 식재료를 최대한 활용해서 남김없이 사용하고 잔반 없애기가 가능했던 데는 오너인 내가 직접 요리를 하고 전체를 관리하기 때문이었다. 예상할 수 없는 나날의 매출에만 기대기보다 무의미하게 새어 나가는 지출을 줄이는 게 훨씬 빠르고 쉽다. 이건 집안 살림을 하면서 터득하게 된 아주 잘 아는 사실이었다.

　힘든 하루 일을 마치고 가게 문을 잠그고 집으로 돌아갈 때면 알 수 없는 쓸쓸함과 외로움이 밀려왔다. 언제까지 이렇게 몸도 마음도 힘들게 하루하루 버텨야 할까. 역시 사업을 한다는 건 나 같은 사람에겐 무리였던 걸까. 이제라도 늦지 않았으니 그만둘까. 그럼 지금까지 사들인 물건들은 다 어떡할 거며 고용한 직원들에겐 뭐라 말하나….

　멘탈이 이렇게 너덜너덜해졌는데 멀쩡하던 엄지발가락이 뜬금없이 아프기 시작했다. 오랜 시간 서서 일을 하고 항상 종종 걸음치며 주방과 가게 안을 왔다갔다 한 탓에, 발톱에 압력이 가해져 생긴 통증이었다. 평생 처음 겪는 일이었다. 발톱 끝이 살을 파고 들어가 상처가 생기고, 걸을 때마다 압력이 가해지니 통증은 점점 심해졌다. 병원 갈 시간도 없는 와중에 어렵게 시간을 내어 기어가듯 겨우겨우 피부과에 갔다. 오래 서서 일하는 사람들에게 자주 생긴단다. 약을 받아왔지만 별 효과가 없었다. 아픈 걸 꾹 참고 발톱을 조금 짧게 잘라보기도 하고, 남편이 사다 준 상처 부위를 보호해준다는 밴드를 붙여보기도 하고, 인터넷을 뒤져 온갖 방법을 다 적용해봐도 아픈 것은 나아지지 않고 더 심해지

　　　　　　　　　　　가장 고통스러웠던 첫해

기만 했다. 출퇴근 시간엔 얼마 걷지도 않는데 그 짧은 시간이 그렇게 고통스러울 수가 없었다. 그런데 신기한 건 일을 할 땐 아픈 것도 잘 느끼지 못한 채 하루가 끝난다는 것이다. 아무래도 그만큼 바쁘기도 하고, 일에 집중하면 다른 것을 다 잊는 나의 성향 때문이기도 하고, 무엇보다 책임감과 사명감 같은 것이 힘들었던 모든 순간들을 견디게 한 것 같다. 그렇게 나의 아픈 엄지발가락은 아플 만큼 다 아프고 난 뒤에야 거짓말처럼 나았다.

요즘은 많이 익숙해져 다치는 일이 거의 없지만 처음에는 크고 작은 상처를 늘 달고 살았다. 부엌칼에 베이거나 튀김 기름에 화상을 입거나 전자레인지에서 급하게 음식을 꺼내다 다치거나…. 상처 하나가 겨우 나으면 또 새로운 상처가 생겼고, 직원들과 속상한 일이 있거나 갑자기 크게 들어가는 비용이 생겨 마음이 심란할 때면 어김없이 다쳤다.

사장이 된다는 건 이런 다양하고 복잡한 문제들을 겪으며 고독함을 견뎌낼 수 있어야 한다는 것, 일희일비하지 않아야 한다는 것, 누구보다도 단단한 멘탈을 가져야 한다는 걸 나중에서야 깨달았다. 날마다 주저앉으려는 나 자신을 일으켜 세워야 했던 하루하루를 보내며 첫해를 보냈다.

오픈한 지 1년이 되어도 여전히 나가는 비용만 많고 돈이 모이지 않았다. 내가 좋아 시작한 일이니 남편에게도 누구에게도 솔직한 마음을 털어놓을 수가 없었다. 아니 그러기엔 너무 이르다고 생각하며 나 자신을 다독였다. 매일매일 조금씩 의기소침해지고 지쳐만 갔다. 희망이 보이지 않았다.

가장 고통스러웠던 첫해

# 기적이 일어났다

드라마나 영화에는 위기에 처한 주인공에게 기적 같은 일들이 일어나곤 한다. 보는 나도 같이 좋아하고 흥분하면서도 저건 드라마니까 그렇지, 하게 된다. 그런데 가게 일을 시작한 뒤로는 그런 기적 같은 일을 여러 번 겪었다.

통장 잔고가 바닥을 치고 거의 자포자기하며 버티던 어느 날, 일을 마치고 집으로 돌아가는 길에 은행에 잠시 들렀다. 볼일을 보고 입출금 거래 내역이 쭉 찍힌 통장을 무심코 들여다본 순간, 눈을 부릅뜨고 다시 펼쳐보다 분명 뭔가 잘못 본 거 같아 다시 들여다봤다가 아냐 이건 현실이 아냐 거짓말이야, 하며 현실 부정을 했다. 내가 지금 본 게 사실이라면 내 명의로 된 통장에 지금 거의 처음 보는 단위의 돈이 입금된 건데, 아니 이런 돈이 들어올 일이 있었나? 잘못 입금된 건가? 그럼 다시 돌려줘야겠지?

　찬찬히 보니 그건 바로 도쿄도에서 입금된 '시간단축영업 협력금'이었다. 그제야 나는 몇 달 전에 없는 시간을 쪼개어 개인사업자를 대상으로 하는 도쿄도의 협력금과 지원금 몇 군데에 신청서를 냈던 게 기억났다. 지푸라기라도 잡는 심정으로 남편의 도움을 받아 인터넷으로 신청서를 작성하면서도 굉장히 회의적이었다. 지원금을 받는 조건이 무척 까다롭기도 했고 서류가 하나라도 미비할 경우 심사에서 제외되기가 쉬웠기 때문이다. 더구나 나는 외국인으로 사업자 등록을 했으니 여러모로 불리하지 않을까 싶었다.

　적지 않은 지원금이 들어왔으니 다행이었지만 그걸로 문제가 다 해결되는 건 아니었다. 음식점은 기본적으로 매일매일 발생하는 매출로 운영을 이어가야 한다. 하루라도 빨리 정상적인 영업을 하며 안정을 찾고 싶었다. 언제까지 이렇게 불안정한 마음으로 하루살이처럼 살아야 하는지…. 첫 오픈 때부터 시작된 코로나는 이 글을 쓰는 지금까지도 끝나지 않았다. 누구의 방해도 없이 아무 걸림돌도 없이 영

기적이 일어났다

업을 해도 몇 년 안 가 문을 닫고 만다는 자영업을 코로나라는 어마어마한 사태를 겪으면서도 어쨌든 지금까지 무사히 버텨왔다.

코로나가 심각했던 2020~2021년 사이에는 아예 영업을 중지하고 오래 문을 닫는 가게가 많았다. 매출도 적은데 불안정한 영업을 하니 아예 장기간 문을 닫고 정부 지원금을 신청해서 받는 게 유리하다는 판단이었다. 나는 지원금이 들어온 뒤에도 손님이 있든 없든 항상 정해진 시간에 문을 열고 마지막 가게 문도 내가 닫았다. 매출이 불안정하다 해도 단 몇 분이라도 멀리서 찾아오는 손님이 헛걸음을 하고 돌아가지 않게 하고 싶었다. 한 발을 떼는 게 두려울 만큼 엄지발가락이 아플 때도, 튀김 기름에 화상을 입어 손등의 피부가 벗겨져 고통스러울 때도 쉬지 않았다. 매일 정해진 시간에 가게 문을 여는 것은 손님과의 중요한 약속이라 생각했기 때문이다. 매출이 안정권에 들어설 때까지는 나의 노동으로 꾸준히 이어가야 했다.

진짜 기적은 통장에 찍힌 정부 지원금이 아니라 이 무시무시한 현실 속에서도 포기하지 않고 견뎌온 나의 꾸준함이라고 생각한다. 그 과정을 통해 우리 가게도 나 자신도 아주 단단해졌다는 걸 느낀다. 지옥을 수십 번도 더 다녀온 것 같은데 이제 무서울 게 뭐람! 생각해보면 자영업자로선 왕초보였음에도 오픈 첫해는 꽤 훌륭했다 싶다. 무대출로 시작했으니 우리 가게는 그때도 지금도 빚이 없다. 매달 들어가는 비용이 문제긴 하지만 집세와 인건비 등의 기본 비용은 그 달에 들어오는 매출로 다 충당할 수 있었다. 아무래도 코로나라는 전대미문의 상황이 나를 극도의 불안 상태로 몰아간 게 아니었을까.

외롭고 힘든 시간을 보내면서도 아무도 찾아오지 않는 고요한 가게를 열심히 쓸고 닦았다. 마음이 심란하고 두려움이 몰려올 때마다 청소에 몰두했다. 도시락 주문 전화가 한 통도 울리지 않을 때는 전화가 잘 놓여 있나, 통화중은 아닌가, 수화기를 들어 몇 번이나 확인을 했던지. 오직 당근, 부추, 양파들만이 내 친구였던 시절. 언제 다시 정신없이 바빠질지 모르니 이런 시간을 잘 활용해야지, 하며 하루하루를 보냈다. 어떻게 하면 더 맛있고 더 예쁘게 만들 수 있을까, 레시피를 연구하고 효율적인 조리를 위해 주방 기구를 재배치하며 시간을 보냈다. 주방 입구 높은 곳에 카메라를 설치해 내가 일하는 동선을 분석하고 연구하기도 했다. 가끔 그때 영상을 다시 찾아보면 내 표정이 어찌나 진지하고 장엄한지 웃음이 날 정도다.

기적이 일어났다

그렇게 가게는 무사히 1주년을 맞이했고 많은 손님들의 축하와 격려 속에 카페는 순풍에 돛 단 듯 지금까지 오게 되었다. 기적은 거저 찾아오는 게 아니라 내가 만들어온 수많은 가능성들이 어떤 타이밍과 맞아떨어졌을 때에야 비로소 당도했던 것이다.

# 주부의 경제적 자립에
# 대하여

'가게 하면 너무 힘들지 않아요?'

'자기 시간이 너무 없지 않아요?'

'일과 가정, 같이 유지해나가는 게 힘들지 않아요?'

'혹시 아이들이 방치되거나 성적이 떨어지진 않나요?'

이런 질문을 많이 받는다. 나 역시 이 일을 시작하기 전에 무척 망설였던 부분들이고 자영업을 하는 사람들에게 너무 묻고 싶은 질문이기도 했다. 그 물음들에 하나하나 답해보자면,

'처음에는 물론 힘들죠. 그런데 다 요령이 생겨요. 익숙해지면 나름의 리듬이 생기니까 괜찮아요. 그리고 힘들지

않으면 그게 일인가요? 일을 하면서 힘들다고 느껴질 때면 내가 그만큼 열일하고 있단 증거니까, 오히려 뿌듯해야 하지 않을까요? 세상에 거저 얻어지는 것은 없답니다. 무임승차할 생각으론 아무것도 내 것이 될 수 없어요.'

'개인적인 경우지만, 집에서보다 카페에 있을 때 오히려 개인적인 시간을 보내기도 해요. 그리고 아이들이 어느 정도 컸기 때문에 일을 마치고도 서둘러 집에 가는 시간에 쫓기거나 하지 않아요. 아마 이건 나이 들어서 시작한 장점이기도 한 것 같아요.'

'앞에서 가사 분담에 대해 썼듯이 전업주부일 때보다 훨씬 좋아요. 제 일이 줄어들었으니까요.'

'아이들의 공부나 성적을 디테일하게 봐주거나 관리해주지 못하는 건 분명하지만 결과적으로 말하면, 큰아이는 자신이 원하는 대학에 갔고 작은아이의 성적은 떨어지지도 더 좋아지지도 않았습니다.'

많은 사람들이 새로운 도전을 앞두고는 잃을 것이 두려워 시작조차 하지 못한다. 다른 것은 몰라도 적어도 돈 버는 일을 하고 싶은 사람이라면 이 말을 꼭 해주고 싶다. 언젠가 영화배우 문소리가 한 라디오 방송에 출연해 한 말이다. '연기파 배우로 불리는데 어떻게 하면 그렇게 연기를 잘할 수 있나요?'라는 질문에 그녀의 대답은 명료하고 화끈했다.

"입금되면 다 합니다."

그렇다. 나만 보면 힘들지 않냐, 그렇게 열심히 사는 원동력이 뭐냐, 질문하는 사람들에게 이 대답을 해주고 싶다. 돈을 벌어보면 정말 많은 것들이 달라진다고. 몇 시간씩 뛰고 달리고 노래하는 아이돌의 콘서트를 보면 어디서 저런 힘이 나오나 싶은데, 평범한 사람들이 한 달 단위로 받는 액수를 훌쩍 넘어서는 큰 단위의 돈이 입금되면 그 액수만큼의 에너지가 나온다는 걸 느낀다. 수많은 0의 개수는 단순히 돈의 단위가 아니다. 나의 가치에 대한 평가, 나에 대한 기대의 숫자이기도 한 셈이다. 입금된 돈들은 삶을 풍요롭고 여유 있게 만들어주기도 하겠지만 내 안에 잠재된, 나도 모르는 에너지와 재능을 발휘하게 해주는 촉진제가 되기도 하는 셈이다.

배우 문소리가 말했던, 입금되면 다 한다는 말은 그런 현실적인 감각과 경험, 자신감의 의미가 아닐까 싶다. 그러니 상상해보라. 당신의 통장에 오늘 당장 자신이 꿈꾸던 액수만큼의 돈이 입금되는 상상을. 아니, 상상만 하지 말고 가능성들을 만들기 위해 지금 당장 행동해보기 바란다. 행동을 했을 때만 내 것이 되고, 행동하면 비로소 보이는 것들이 있

주부의 경제적인 자립에 대하여

다. 인생의 갈망과 갈증이 있는 사람이라면 일단 뭐든 시작하고 행동해보자. 그리고 돈을 좀 많이 벌어보자. 자신감은 자연히 따라오고, 많은 것들이 원하는 대로 흘러가게 된다.

개업 이후 두 번째 세금 신고를 하고 나니 남편의 '부양가족'에서 제외된 걸 알게 되었다(전업주부의 수입이 연간 1000만 원 정도를 넘지 않으면 각종 세금을 감면받을 수 있는 제도가 있다). 이제 내 이름으로 국민연금도 내고 건강보험료도 내고 시민세까지 내게 되었다. 일본에 온 지 꼭 20년 만에 경제적인 자립을 이룬 것이다. 매달 내는 세금들이 적지 않은 터라 일본 주부들은 대부분 부양가족이 되는 조건 안에서 파트타임 일을 하는 경우가 많다. 한 달에 평균 100만 원 정도를 넘지 않는 선에서 일을 하면, 세금도 감면받고 시간적으로도 육아와 살림에 큰 지장 없이 일을 할 수 있다. 대부분의 주부가 아이들이 학교 가고 없는 평일 낮 몇 시간씩을 이용해 아르바이트를 한다.

나는 일본 사회의 이런 제도가 오히려 여성의 경제 자립과 가족 내 가사 분담을 막는 원인이라 생각한다. 지금도 일본의 많은 기혼 여성들이 부양가족의 틀을 벗어날 것인가, 그 속에 있을 것인가를 고민한다. 혼자서도 생활이 가능한 수입이 있거나 정직원이고 뚜렷한 자격증이 있는 여성들의 경우, 이혼도 쉽게 결정한다. 결혼 생활을 오래 유지하는 여성의 경우 결혼 생활이 원만해서일수도 있지만 어떤 의미에선 이혼한 뒤의 경제적인 생활이 두려워 어쩔 수 없이 유지해간다는 의미도 된다.

남편은 일본에서 대기업으로 손꼽히는 회사에 다니고 있다. 그의 명의로 매달 들어오는 월급은 꽤 넉넉했고, 나는 그 돈으로 야무지게 살림을 해서 우리는 결혼 10년 만에 도쿄 교외에 작은 2층짜리 신축 단독주택을 마련했다. 그런데 아이들이 조금씩 크고 지출의 단위가 커지면서 나가는 돈을 점점 감당하기가 힘들어지기 시작했다.

부모님이 차례대로 아프셔서 자주 한국을 다니러 갈 때면 '아! 이럴 때 내 맘대로 쓸 수 있는 돈이 좀 더 많았다면 좋았겠구나' 하는 생각이 들었다. 본격적으로 백화점 레스토랑에서 일하게 되면서 다양한 연령대의 미혼, 기혼 여성들이 일하는 모습을 보며 일본 사회가 여성 노동력을 어떻게 소비하고 있는지에 대해서도 많이 생각하게 되었다. 남편의 경제력에만 의존하다 보면 평생 남편의 능력과 한계 안에 내 삶이 머문다는 것도 깨닫게 되었다. 그 한계가 높든 낮든 상관없이 경제적인 삶의 수준뿐 아니라 생각의 범위와 한계마저도 그것에 맞춰진다는 사실을.

주부의 경제적인 자립에 대하여

나는 이상적인 가족에 대한 환상에서 벗어나 조금씩 객관적으로 나와 우리 가족의 미래를 보기 시작했다. 남편만이 우리 가족을 구한다는, 언제부터 생겼는지 모를 비합리적인 신념을 버리고 나 스스로가 그 한계를 조금 더 넓히는 주체가 되어보자고 마음먹었다. 그리고 몇 년 지나지 않은 지금 남편의 월수입을 넘는 수입 구조를 갖추게 되었다. 마음만 먹으면 선뜻 결정할 수 없었던 곳으로 언제든 가족 여행도 갈 수 있고, 부담 없이 외식도 할 수 있고, 망설임 없이 아이들에게 필요한 교육 지원을 할 수 있게 되었다. 내가 사고 싶은 것, 나와 가게의 미래를 위해 투자하는 돈도 언제든 넉넉하게 쓸 수 있다. 날마다 조금씩 긍정적이고 미래 지향적인 성격으로 변하는 걸 느낀다.

이만큼만 한계의 폭이 늘어나도 훨씬 삶이 자유롭다. 경제적인 여유보다도 자신도 모르는 사이에 설정해버린 생각과 가능성의 한계가 넓어진 것이 더 큰 변화다. 남편도 나도 아이들도, 이전보다 좀 바빠지긴 했지만 훨씬 밝고 긍정적인 마인드를 갖게 되었다. 걱정과 불안보다 의욕과 희망 쪽에 더 가까워졌다. 나의 창업과 더불어 단 3년 만에 이루어진 우리 가족의 변화다.

# '넘버원'보다
# '온리 원'의 시대

글로벌 기업 '켈리델리' 창업자 켈리 최는《파리에서 도시락을 파는 여자》에서 이렇게 말한다.

세상은 매일매일 변합니다. 세상이 변하는 이상 기회는 생겨날 수밖에 없습니다. 내가 도전하는 이유는 세상이 매일 변하기 때문입니다.

위대한 창업자들은 자기만의 문장을 만들고 자기만의 방식으로 세상을 바꾸려는 사람들이다. 자신만의 형용사를 가진 브랜드를 만들고, 그것에 소비자들이 반응하게 만드는 사람들. 어쩌면 그들은 모두, 그저 '자기다운' 것을 했을 뿐이라는 생각이 든다. 그렇다면 '나다운' 것이란 무엇일까. 남들과 차별화되는 나만이 가진 경쟁력은 무엇일까. 유명했던 음식점들도 줄줄이 폐업하는 시대에 코로나의 위기마저 뚫고 외국인에다 중년의 여성이며, 창업 왕초보에 요리와 연관된 자격증도 하나 없는, 좋은 조건이라고는 하나도 없는 내가 3년이란 짧은 시간 안에 이만큼 성장할 수 있었던 이유는 무엇일까.

한국 요리가 일본 사회에 붐을 일으킨 것은 한참 되었지만 가까운 곳에서 마음에 드는 한국 음식점을 찾기란 쉽지 않았다. 일단 나는 이 부분을 공략했고, 저렴한 대중 식당의 한국 요리 이미지를 좀 더 깔끔하고 감성적인 카페 분위기에서 먹는 요리로 콘셉트를 정했다. 한국인 주부가 사는 가정집에 놀러가 따뜻하고 정갈한 한 끼 식사와 차를 대접받을 수 있는 가게. 가게를 들어서면 깨끗한 앞치마를 한 주부가 손님을 맞이하고, 푸근하지만 세련된 한국식 서비스를 제공하는 곳.

우리 가게에 대한 리뷰나 동네에 난 소문을 들어보면, 지금 가게를 찾는 손님들 대부분이 내가 의도했던 이런 부분을 그대로 느끼는 걸 확인할 수 있다. 지금 우리 주변에 없는 것을 일단 찾고, 내가 잘할 수 있는 것, 나만이 할 수 있는 것을 찾는다면 기본적인 성공 가능성은 있다고 본다.

내가 이 세상에서 가장 좋아하는 장소는 부엌이다.

그것이 어디에 있든, 어떤 모양이든, 부엌이기만 하면, 음식을 만들 수 있는 장소이기만 하면 나는 고통스럽지 않다. 기능을 잘 살려 오랜 세월 손때가 묻도록 사용한 부엌이라면 더욱 좋다. 뽀송뽀송하게 마른 깨끗한 행주가 몇 장 걸려 있고 하얀 타일이 반짝반짝 빛난다.

구역질이 날 만큼 너저분한 부엌도 끔찍이 좋아한다.

바닥에 채소 부스러기가 널려 있고, 실내화 밑창이 새까매질 만큼 더러운 그곳은, 유난스럽게 넓어야 좋다. 한 겨울쯤 무난히 넘길 수 있을 만큼 식료품이 가득 채워진 거대한 냉장고가 우뚝 서 있고, 나는 그 은색 문에 기댄다. 튀긴 기름으로 눅진한 가스레인지며 녹슨 부엌칼에서 문득 눈을 돌리면, 창 밖에서는 별이 쓸쓸하게 빛난다.

— 요시모토 바나나, 《키친》

나는 주로 책을 읽고 글을 쓰고 누군가를 가르치며 인생의 대부분을 보내왔다. 지금처럼 요리를 하고 그것을 팔고 가게를 운영하는 일을 할 거라곤 상상하지도 못했다. 그런

'넘버원'보다 '온리 원'의 시대

데 지금 하고 있는 이 일이 내게 꼭 맞는 일이 될 거라는 건 지금까지의 삶을 가만히 들여다보면 충분히 예측 가능하다.

가장 큰 영향을 끼친 건 나를 둘러싼 환경이었다. 우리집은 외할머니, 엄마, 이모들이 모두 요리를 잘했다. 외가 쪽뿐 아니라 고모댁과도 가까이 잘 지냈는데, 고모는 정말 지금 생각해도 집밥의 여왕이었다. 정갈하고 늘 새로 만든 반찬으로 차린 밥상에, 더하지도 덜하지도 않게 딱 떨어지는 음식 맛이 정말 훌륭했다. 고모네 부엌은 오래된 밥솥과 냉장고, 주걱, 식기들로 가득 차 있었지만 하나같이 반들반들하게 닦여 있었고 칼같이 정리정돈이 되어 있었다. 그 오빠에 그 여동생! 같은 유전자를 공유한 윤씨 집안 식구들이었던 것이다.

우리 엄마와 외할머니, 이모들의 부엌도 만만치 않았다. 적어도 세 가지 이상의 제철 나물 반찬이 매 끼니마다 새로 올라왔다. 이모 둘과 엄마, 외할머니, 이 네 여성이 만나면 환상의 드림팀이 꾸려졌다. 온갖 종류의 김치는 물론 홍합을 넣은 미역국이나 김치전, 전복죽, 총각김치, 호박죽, 단팥죽, 뭐가 들었는지도 모르지만 직접 담근 각종 효소들….

그 덕에 나와 우리 형제들, 사촌들은 진짜 잘 먹고 자랐다. 밖에서 짜장면이나 떡볶이를 사 먹을 틈이 없었다. 해산

물이 많이 나는 부산이라 미역, 다시마, 톳, 홍합, 전복, 생선 반찬이 많았는데 지금도 가끔 생각나는 그리운 반찬은 톳나물이다. 톳에 으깬 두부와 다진 마늘과 깨소금을 넣고 조물조물 무쳐낸 반찬은 정말이지 맛났다. 맛도 맛이지만 어린 내 눈에는 두부가 하얀 눈처럼 보여 눈으로 만든 반찬처럼 신비하게 보였다.

초등학교 때는 부모님이 맞벌이로 늘 바빠서 방학 때만 되면 늘 난감해하셨다. 그래서 시골 큰댁(큰아버지, 큰어머니가 사시는 곳)에 우리 3남매를 맡기셨다. 그러니까 초등 6년 동안 여름, 겨울 1년에 꼬박 두 달씩 시골에서 지낸 것이다. 부산에서 나고 자라 전형적인 도시 아이였던 나는 그때 누렸던 여유 있는 시골 생활에서 큰 영향을 받았다. 부모님은 어쩔 수 없이 우리를 맡기셨겠지만 요즘 말로 하면 '자연주의 육아'의 혜택을 넘치게 받은 셈이다.

경남 진주까지 가서 시골 버스를 타고 비포장 도로를 달려 한참을 들어가야 하는 곳. 지금은 댐이 들어서서 사라졌지만 서부 경남의 사투리가 진한 작은 시골 마을이었다. 큰아버지 댁은 옹기종기 집들이 모여 있는 마을과도 조금 떨어져 산기슭에 덜렁 놓여 있었다. 대문을 들어서면 큰 대청마루가 보이고 왼쪽에는 소, 닭, 개들이 사는 집과 재래식

'넘버원'보다 '온리 원'의 시대

변소가 있었다. 그 옆으로 난 작은 문을 나서면 울창한 대나무 숲이 바로 이어지고 거기서부터는 산으로 이어지는 길이었다. 대문 왼쪽에는 살림집과 재래식 부엌과 광이 있고, 마당에는 큰 가마솥 아궁이가 있었다. 우리 3남매는 도착하자마자 경쟁하듯 아궁이에 불을 지피는 풀무를 마구 돌리며 놀았다. 겨울이면 남동생은 큰아버지와 대나무를 잘라 방패연을 만들어 날리며 놀았다. 활동적이고 대범했던 오빠는 부산 집에서도 그랬던 것처럼 시골에서도 도착하자마자 밖으로 나가서 놀곤 했다.

여름이면 여름대로, 겨울이면 겨울대로 시골은 놀거리와 먹을거리가 늘 풍성해서 심심할 새가 없었다. 큰아버지와 큰엄마는 별 말씀 없이 쿨하셨다. 하지만 우리가 따로 부탁하지 않아도 '연 만들어주까?' 하실 때는 벌써 그 곁에 잘라놓은 대나무에 실과 바늘까지 준비되어 있었고, '호떡 먹을끼가?' 하실 때는 마당 가마솥 뚜껑을 뒤집어 언제 만들어두셨는지 반죽을 꺼내와 흑설탕을 넣고 호떡을 푸짐하게 구워주셨다. 먹음직스럽게 부푼 호떡 반죽에선 막걸리 냄새가 났다. 이스트를 구하기 힘든 옛날 시골에서는 막걸리를 넣어 호떡 반죽을 했다. 그렇게 구워 먹은 호떡이 얼마나 따뜻하고 맛있었는지 말로 표현할 수가 없다. 내 인생에서 가장 행복했던 순간들 중 한 장면이었다.

도시의 학교 생활에서 벗어나 마음껏 놀고 마음껏 먹고 하루 종일 자연과 함께 지낼 수 있었던 귀한 시간이었다. 부산 우리집에서도 웬만한 건 다 만들어 먹었지만, 시골 큰집은 스케일이 달랐다.

콩으로 두부도 직접 만들고(갓 만들어 뜨거운 김이 나는 두부에 차가운 김치를 얹어 먹는 맛이란!), 너무 무서워 저만치 도망가 있었지만 조금 전까지 마당을 노닐던 암탉을 잡아 삼계탕을 끓이기도 했다. 아침에는 닭들이 알을 낳고 우는 소리에 깨서 작은 소쿠리를 들고 닭장에 갔다. 짚더미 속을 뒤지면 어김없이 갓 낳은 달걀 몇 개가 나왔다. 따뜻한 달걀을 손에 쥐었던 감촉이 생생하다. 내가 가져온 달걀을 받아든 큰엄마는 가마솥에 지은 아침밥을 큰 주걱으로 퍼서 간장과 참기름을 두르고 아직 온기가 가시지 않은 달걀 하나를 깨서 비벼주셨다. 그 맛이 지금도 기억난다. 가마솥 밥, 두부, 호떡, 달걀, 이 모든 단어 앞에는 '갓'이란 말이 붙었다.

또 하나 생생하게 기억나는 건, 산에서 주워 온 도토리로 묵을 만들어 먹었던 일이다. 새끼손가락만 한 앙증맞은 망치로 도토리를 깨는 일은 우리 몫이었다. 큰엄마는 그걸로 도토리묵을 언제 만드셨는지 부산에서 엄마 아빠가 우리를

'넘버원'보다 '온리 원'의 시대

데리러 오시면 반찬으로 내셨다. 캬, 감탄을 하며 묵을 양념장에 찍어 드시던 젊은 아빠의 모습이 보이는 것 같다. 어릴 때 먹었던 그 음식들이 얼마나 귀한 것들인지, 바깥에서 먹는 음식들이 얼마나 대충 만든 것들인지 어른이 되고 나서야 알았다. 병원에 가는 일 없이 건강하게 지내온 것이 어릴 적 먹은 건강한 음식들 덕분이란 걸 살림을 하면서 절실히 깨닫게 되었다.

어린 시절을 풍성하게 해준 집밥과 시골 음식들은 요리에 대한 관심으로 이어졌다. 1990년대였던 20대 때, 가끔 한가하게 집에 있을 때 KBS 위성방송 프로그램들을 즐겨 보곤 했더랬다. 그 시절 나에겐 이국적인 위성방송 프로그램들이 지금의 유튜브나 넷플릭스 같은 역할을 했다. 그 중 나의 최애 프로그램은 〈세계의 요리사들〉. 잔잔한 클래식 음악이 흐르는 화면에 반짝반짝 빛나고 정갈한 스테인리스 주방 앞에 선 나이 지긋한 요리사가 품위 있고 따뜻한 미소를 머금고 요리하는 과정을 보여주는 프로였다. 나레이션도 요란하지 않고 꼭 필요한 설명만 간간이 덧붙이고, 결코 쉬워 보이지 않는 요리를 편안하고 쉽게 하나하나 처리해가는 과정을 보는 게 재밌었다. 그렇게 마침내 완성한 요리 앞에서 그 어떤 근엄함도 없이 소박한 미소를 띄던 아저씨, 할아버지 요리사들이 그렇게 멋있어 보일 수가 없었다.

그런데 내가 20여 년이 지난 오늘 그 프로 요리사들처럼 가게 주방에서 요리를 하고 있으니 참 신기하다. 그 누구의 방해나 간섭, 지시도 없이 정돈된 환경 속에서 나 스스로가 계획하고 하나씩 실행하며 무언가를 완성해내는 일. 나는 그 순간이 가장 행복하다고 느끼는 사람이다. 하나의 실행과 완성은 그다음 단계의 실행으로 이어지고 이전보다 더 나은 완성도를 갖추게 된다. 그렇게 조금씩 나아가며 하나의 세계를 만들고 싶다.

'윤카페'를 운영하는 일은 결국 '나'라는 브랜드를 만들어가는 과정이다. 브랜드라고 해서 이 업계에서 넘버원이 되는 게 목표는 아니다. 등수로 따진다면 나보다 훨씬 전문적이고 화려한 경력과 실력을 갖춘 사람들이 얼마나 많을까. 그런데 '넘버원'이 아닌 '온리 원'이라는 관점에서 생각해보면 나만이 할 수 있는 것, 나만이 가지고 있는 것에 초점을 맞출 수 있다.

책의 서두에 아버지에 대한 이야기를 자주 했다. 예전의 내가 막연하게 느꼈던 아버지의 독특함이 무엇이었는지 창업을 하면서 정확하게, 제대로 알게 되었다. 매일 반복하는 같은 일을 새로운 마음으로 대한다는 것이다. 남들이 보기에 힘들고 꼭 그렇게까지 하지 않아도 되는 일을 아버지는 어제와 또 다른 트럭으로 느끼고 전과는 다른 방법으로 공들여 닦거나 보수, 보완을 하신 게 아닐까. 그렇게 매일 조금씩 자신이 그리는 이상적인 트럭의 자태를 만들기 위해 공을 들이고, 그 과정에서 자신의 일에 대한 보람과 성취감을 느끼셨던 것 같다. 그런 면에서 아버지는 완벽한 '온리 원'이었다.

가게 일을 하겠다고 마음먹었을 때 누구나 다 하는 걱정을 나도 꽤 진지하게 했다. 똑같은 시간에 일을 시작해 요리를 만들고, 가게에 매여서 외출도 자유롭게 못 하고, 금방 싫증을 내고 때려치우진 않을까, 나 자신을 믿기 어려웠다. 그러나 막상 해보니 달랐다. 똑같은 일처럼 보이지만 매일이 조금씩, 때로는 많이 달랐다. 같거나 다른 매일 속에서 나는 새로움을 발견하고 즐긴다. 오늘은 또 무슨 일이 일어날까, 어떤 손님을 만나게 될까, 비가 내려 습도가 높을 텐데 김밥 김이 잘 붙으려나, 겨울은 춥지만 시금치가 달아 나물이 너무 맛나다 등등 그 소소한 다름들이 사랑스럽다. 그래서 꼬박 3년이 같은 패턴의 일상이어도 지겹지 않다. 오히려 내일이 너무 궁금하고 다음 달이 기대되고 내년을 생각하면 흥분된다. 왜 더 빨리 사업을 시작하지 않았을까 후회될 때도 많다.

음악과 미술을 너무 사랑하는 나는 요리를 하며 소리와 색을 탐닉한다. 채소가 물에 씻기는 소리, 도마와 칼이 만나내는 소리, 보글보글 찌개가 끓는 소리, 기름에 튀기는 소리는 그 어떤 음악보다 생생하고 신난다. 크리스마스나 연말연시 가게가 가장 바쁠 때 하루 종일 가게 주방에서 일했으니 뒤도 안 돌아보고 집에 가고만 싶을 텐데 나는 이상하게 그렇지 않았다.

직원들이 먼저 퇴근하고 불이 꺼진 주방에서 냉장고 문을 몇 번을 열어보며 곱고 가지런하게 손질된 채소들과 저온숙성 중인 호떡 반죽을 하염없이 쳐다보곤 한다. 호떡은 어린 시절 시골 큰집에서 먹었던 맛을 잊을 수 없어 재현해본 메뉴였다. 처음엔 그냥 재미로 잠깐 만들어 팔다가 그만둘 예정이었다. 주문이 들어올 때마다 일일이 구워야 하고 다른 요리를 만드는 데 집중하기가 어려웠던 탓이다. 그런데 이 호떡이 어찌나 인기인지 3년이 된 지금도 그만두지 못하고 있다.

한국 가게들이 많은 신오쿠보 같은 곳에선 반죽까지 직접 만드는 호떡 전문점이 있지만, 대부분의 일본 내 한국 음식점에선 시판되는 냉동 호떡을 기름에 튀겨서 팔고 있다. 내가 고심해서 만든 레시피로 직접 반죽하고 오랜 시간 발효해서 하나씩 구워내는 호떡은 진짜 자신 있는 메뉴 중 하나다. 처음 먹는 손님들은 깜짝 놀란다. 도대체 어떻게 만드는 건지 신기해한다. 한국 여행을 가서 먹었던 호떡이 기름에 튀겨 파는 경우가 많아 느끼했는데 '윤카페' 호떡은 담백하고 맛있다고 칭찬이 자자하다. 좋은 밀가루로 깨끗하게 만들어 숙성시킨 호떡 반죽의 자태는 너무너무 아름답다. 폭신폭신하고 부드러우면서도 탄력이 있다. 달콤한 소를 넣어 후라이팬에 구우면 숨을 쉬듯 부풀어 오르는 모습이 기특하다. 다 내가 낳은 자식들 같다.

시간 가는 줄 모르고 호떡 반죽을 들여다보다가 그날 담당 직원이 말끔히 닦아두고 간 조리대를 쓸데없이 다시 닦으며 광을 내려 애쓰기도 한다. 베테랑 직원들은 채썰기가 아주 프로급인데도 나는 흘끔흘끔 곁눈질을 한다. 직원이 썰고 있는 수많은 당근을 빼앗아 내가 직접 썰고 싶은 욕망을 참을 수가 없어서다. 양파, 대파, 부추, 버섯도 좋지만 나는 특히 당근을 많이 좋아한다.

주홍빛 색깔이 어찌 그리 이쁠까. 맛도 내 입맛에 딱이다. 생으로 먹어도 맛있고, 나물로 볶아 먹으면 더 맛있고, 큼직

큼직하게 썰어 카레에 넣어도 잘 어울리는 당근. 마트에 가면 항상 당근을 한 보따리 사면서도 더 사고 싶어 그 주변을 맴돈다. 신선한 채소들이 이 세상에 존재하는 한 나는 행복할 것 같다. 마른 껍질을 벗고 알몸이 된 양파들, 말끔히 씻겨져 물이 똑똑 흐르는 날씬한 대파들, 향긋한 부추들, 그 중에서도 나의 최애 당근들! 채소 멤버들을 한 곳에다 모아놓고 바라보고 있노라면 가슴이 벅차다. 도대체 왜 이럴까?

그래, 나는 변태다. 그런데 변태라도 좋으니 이렇게 식재료를 다정하게 대하는 사람이 만든 음식이 있다면 나도 먹어보고 싶다. 그렇게 만들어진 음식에 정성이 안 담길 수 없으며, 정갈한 건 당연하지 않을까. 신선한 재료에 꼭 필요한 양념들만 쓰면 화학조미료 없이도 충분히 맛있게 만들 수 있다. 가게 음식이라고 그렇게 못 하란 법이 없다. 이런 사람이 흔하진 않을 것이고 이게 나만의 온리 원, 경쟁력이다. 이 변태 같은 경쟁력이 우리 가게의 매출로 이어지고 이웃 가게들의 부러움을 사고 있으니 이 얼마나 좋은 시대인가. 나 같은 마이너도 돈을 버는 시대!

가게를 열자마자 시작된 코로나 영향으로 테이크아웃만 해서 월 1,000만 원 수익이 날 무렵의 일이다. 같은 지역의 한국 음식점을 운영하는 이들로 보이는 손님들이 여러 명 온 적이 있다. 노골적으로 가게를 샅샅이 훑어보거나, 메뉴를 각각 하나씩 빠짐없이 모두 사 가거나, 이것저것 꼬치꼬치 물어봤다. 어떤 덩치 큰 남자 분은 자신이 어디어디에서 한식당을 여러 개 운영하는데 가게가 잘 안 풀리면 연락하라며 명함을 주고 가기도 했다. 나중에 안 사실이지만 우리 가게의 테이크아웃 메뉴의 가격과 포장까지 똑같이 흉내낸 사진을 인스타에 올리고 판매도 한 이웃 가게도 있었다.

가게를 시작하면서 나도 다른 가게를 가면 꼼꼼하게 훔쳐보는 버릇이 생겼다. 가게 내부는 어떤지, 메뉴는 어떻게 구성되어 있는지, 서비스는 어떤지, 주방도 흘낏흘낏. 어쩔 수 없는 직업병이다. 우리 가게 운영이 잘 안 풀릴수록 다른 가게들은 어떻게 하나 궁금해서 많이 기웃거리게 된다. 잘 나가는 가게가 있으면 비슷하게 따라하면 우리도 잘될까 조바심이 나기도 한다. 처음엔 인스타 팔로우 수가 많은 가게들이 그렇게 부러울 수가 없었다. 우리는 언제 저렇게 되나. 3년차에 최소한의 기반이 잡힌 지금도 남의 가게들이 궁금하다. 나만 모르는 게 있진 않을까, 뒤쳐진 건 아닐까, 조바심이 나고 불안할 때가 많다. 이건 어떤 분야든 마찬가지가 아닐까 싶다.

한창 글을 많이 쓰고 원고 의뢰가 많이 들어올 무렵, 글쓰기를 내 직업으로 할 수 있을까 진지하게 고민하고 탐색하던 무렵 발견했던 글이 있다.

고흐가 드가와 마네, 르누아르와 세잔,

그리고 다른 동시대의 화가들을 신경 쓰고

질투하는 데 시간을 보냈다면

그는 무수한 명작들을 남기지 못했을 것이다.

〈아를의 별이 빛나는 밤〉을 그리면서

그가 신경 쓴 것은 오직

아를의 별이 빛나는 밤과 아를의 별이 빛나는 밤,

그리고

아를의 별이 빛나는 밤일 것이다.

―김은주 글, 양현정 그림,《1cm art》

그러니 내가 신경 써야 할 것은 빛나는 당근나물과 빛나는 당근나물, 그리고 빛나는 당근나물이 아닐까. 나의 아버지도 다른 운전기사들과의 경쟁보다 빛나는 트럭과 빛나는 트럭, 그리고 빛나는 트럭에만 오직 집중하셨을 것이다. 남들 하는 거, 사는 거 훔쳐보고 질투할 시간에 내가 해야 할 일, 나만이 할 수 있는 일에 더 집중하는 것. 그것만이 온리 원이 되는 지름길이다. 내가 유심히 지켜본 성공한 가게 주인들의 공통점을 하나만 꼽는다면, 바로 '자기다움'이다.

지금 우리를 둘러싼 시대는 무서운 속도로 변하고 있다. 이제 정말 우리 아이들에게도 넘버원이 되기보다 온리 원이 되도록 하는 교육과 환경이 필요하지 않을까. 내 안에 있는 온리 원을 찾는 것! 성공으로 가는 지름길이자 삶의 시간과 비용을 절약할 수 있는 방법이라 믿고 있다. 시대가 변하는 이상, 나에게도 기회는 온다.

# '나다움'의 심화 과정

"아이가 태어나면 같이 몽골 초원에 가서 3년 동안 살고 싶어요."

출산을 앞둔 영화배우 탕웨이는 한 영상 촬영에서 꿈에 대해 묻자 이렇게 답했다. 시원시원한 성격인 그녀다운 꿈이다. 원래는 대학 졸업하기 전에 해보고 싶었던 꿈이란다. 그녀가 몽골에서 아이와 함께할 3년을 육아 다큐멘터리로 찍어도 좋을 거 같고 책으로 써도 재밌을 것 같다. 아이를 키우는 많은 부모들에게 여행 육아에 대한 영감과 용기를 불어넣어 줄 수 있지 않을까.

결혼 후 30대 내내 10년 동안의 시간은 나의 '온리 원' 성향이 폭발적으로 확장되는 시기였다. 30대에 감행한 가장 과감했던 시도는 아이들에게 들이는 사교육비를 대폭 줄여 그 비용을 우리 가족이 원하는 곳에 쓰기로 한 것이었다. 큰 아이는 유치원, 초등, 중등, 고등학교까지 총 15년을 통틀어 학습을 위한 학원은 한 번도 다닌 적이 없다. 아이가 원하는 일이기도 했다.

한 아이당 한 달에 사교육비를 10만 원씩만 잡아도 15년이면 1,800만 원이다. 우리는 이 돈으로 계절마다 여행을 다녔다. 봄에는 딸기밭으로, 여름에는 복숭아밭 포도밭으로, 가을에는 배밭 사과밭으로 주로 제철 먹을거리를 직접 수확하고 체험하는 곳을 많이 다녔다. 특히 가을에는 자주 다니던 시골 농가와 계약을 맺어 사과나무 한 그루를 분양받아 수확하는 기쁨을 누리기도 했다.

외국 여행을 좋아하는 우리 부부답게 아이들을 데리고 프랑스에서 한 달 살기를 시도해본 것도 소중한 추억이다. 영국인과 결혼한 사촌 언니 가족이 프랑스 북부 지방의 시골로 이주를 했다는 소식을 듣자마자 기다렸다는 듯 파리행 비행기를 예약했다.

사촌 언니네가 사는 시골집은 그야말로 영화 속에 나오는 풍경 그대로였다. 크고 오래된 이층집, 거위와 닭, 개, 고양이, 토끼까지! 여섯 살 딸아이는 비명을 지르며 온 사방을 뛰어다녔다. 역시 핏줄은 못 속이는지 이모들 못지않게 요리를 잘하는 사촌 언니가 차리는 식탁은 날마다 진수성찬이었다. 그 먼 나라에 살면서도 김치도 혼자서 다 담가 먹고 매일 저녁마다 밥을 지어 먹었다. 수십 년 유럽 생활 덕분인지 언니는 서양 요리도 수준급이었다. 매일 저녁, 디저트로 먹을 케이크를 직접 만들어 오븐에 구웠다. 온갖 고기와 생선 요리가 날마다 근사하게 차려졌다.

프랑스 시골 마트에 장을 보러 가는 것도 얼마나 즐거웠는지. 큰 바구니를 들고 가서 토마토, 가지, 오이 같은 채소들을 가득 담고 치즈도 종류별로 사는 재미가 쏠쏠했다. 무엇보다 가장 감동했던 건 바게트의 맛이었다. 프랑스를 대표하는 빵, 바게트는 정말 기가 막히게 맛있었다. 사촌 언니는 빵을 살 때도 바게트와 같은 식사용 빵을 살 때와 크루아상 같이 버터를 많이 쓰는 빵을 살 때, 서로 다른 가게에서 빵을 골랐다. 빵에 따라 각각 잘하는 가게가 다르다는 것이다.

언니가 사는 동네는 이른 아침에 집 앞까지 바게트를 직접 배달해주었다. 현관문 앞에 매달아둔 기다란 천가방에 갓 구워 따뜻한 바게트가 담겨 있었다. 딸아이는 그때의 경험 때문인지 지금도 바게트를 너무 좋아한다. 그리고 두고 두고 그때 이야기를 하며 그리워한다. 물, 소금, 밀가루, 이스트로만 만드는 심플하기 그지없는 빵인데 씹으면 씹을수록 고소한 맛이 나는 바게트를 지금도 잊을 수가 없다.

프랑스 어디에서나 이 맛있는 빵을 저렴한 가격으로 누구나 사 먹을 수 있게 된 데는 깊은 사연이 있다고 한다. 프랑스대혁명 전까지는 귀족과 평민이 먹는 빵이 서로 달랐고, 평민이 귀족이 먹는 흰 빵을 먹으면 처벌을 받았을 정도였다고. 프랑스혁명이 시작되고 1793년, 국민공회는 모두가 평등해진 프랑스에서 빈부의 구분은 없어져야 하며 빵의 평등을 실현하고자 한 종류의 빵만을 만들어 팔도록 선언하기에 이른다. 이때부터 바게트는 똑같은 규격으로 정해져 구워 먹게 되었고, 물가가 높기로 유명한 프랑스에서 바게트가 이렇게 저렴한 이유는 가난한 사람들도 부담 없이 사 먹을 수 있도록 했기 때문이란다. 빵의 평등권, 그러니까 평등하게 먹을 권리에 대한 이야기인 것이다. 프랑스에 머물면서 다녔던 그 어떤 관광지보다 나는 이 바게트의 맛과 역사가 가장 감동적이었다. 아무래도 나는 먹는 것과 연관된 사람들의 삶에 깊은 관심이 있다고 생각했다. 또 한 번 나다움을 발견한 순간이었다.

프랑스 한 달 살기를 다녀온 뒤 둘째 아이가 태어났고 아이가 둘로 늘면서 좀 더 다양한 육아들을 실험해보았다. 조합원으로 가입했던 생협에서 육아 모임을 만들어 건강한 생협의 식재료들로 온갖 요리를 만들어 함께 먹었다. 제철 과일로 수제 잼을 만들고 빵, 케이크, 초콜릿, 된장, 소시지까지 아이들과 만들어보았다. 우리가 못 만드는 음식은 없다고 여기던 시절이었다. 친구들과 '공동육아', '부엌육아'를 하며 아이들도 나도 행복하기 그지없는 꿈 같은 시간을 보냈다.

점점 과감해진 우리는 거기에서 멈추지 않았다. 텃밭농사에 벼농사까지 시도하게 된 것이다. 생협 지인의 소개로 시작한 농사는 왕초보인 우리들에게 자주 멘붕을 안겨주었지만 아이들은 매 주말마다 그렇게 행복해할 수가 없었다. 모내기를 하는 날은 그야말로 머드 축제장 같았다. 아이들은 모내기를 돕다가도 한쪽에 모여 개구리랑 놀며 발이 푹푹 빠지는 논을 온몸으로 만끽했다. 그러다 큰 소리로 외친다.

"엄마, 개구리가 우리가 잡으려고 하면 죽은 척해요!"

올챙이에서 개구리로 거의 다 변했는데 아직 꼬리가 달린 개구리를 보고는 아이가 "쟨 고등학생 개구리야!" 했던 게 지금도 떠오른다. 어른이 되기 직전이니까 고등학생 개구리란 것이다. 아이들과 논밭에 다녀온 날이면 허벅지 뒤쪽 근육이 당겨서 어찌나 아픈지 나도 아이들도 그날 밤은 금방 곯아 떨어지곤 했다. 쌀을 주식으로 하는 아시아인들이 왜 공동체를 이루어 살 수밖에 없었는지, 왜 아이를 키우는데 마을 전체가 도울 수 있었는지, 왜 농사일을 하면서 노동요가 필요했는지 모두가 한마음으로 체험하고 이해할 수 있었다.

육아 10여 년 만에 내가 스스로 키운 무농약 쌀로 밥을 지어 먹을 거란 건 상상도 하지 못한 일이었다. 우리집 부엌에서 프랑스 시골, 텃밭과 논까지, "그다음엔 무엇이 기다리고 있을까 생각했다." 내가 좋아하는 것, 이유 없이 끌리는 것, 하고 있으면 모든 잡생각이 없어지고 행복해지는 걸 자꾸 꼬리에 꼬리를 물고 이어지도록 직접 경험해왔다. 다시 그 시절로 돌아간다 해도 똑같이 해보고 싶다.

벼농사를 지을 때, 저녁 무렵 선선한 바람이 불어오는 논둑에 서 있노라면 뭔가 뭉클한 기분이 들었다. 바람에 푸른 벼들이 흔들리는 모습을 보노라면 어린 시절 시골 큰아버지 댁에서 보았던 논 풍경이 떠올랐다. 나는 이 자연과 농산물 그리고 사람들 속에서 어린 시절의 경험을 재현하며 마음의 평화를 찾고 있는 걸까. 나는 어떨 때 가장 행복하고 살아 있음을 느끼는지 알게 된 시간이었다. 아이들을 위한다고 시작했던 이토록 많은 경험의 가장 큰 수혜자는 어쩌면 엄마인 나 자신이었는지도 모른다.

'나다움'의 심화 과정

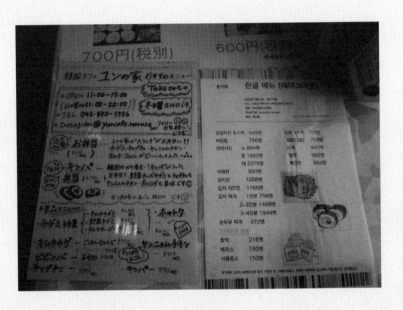

## 오은영처럼 강형욱처럼

　지금 시대에 대체 불가능한, '온리 원'으로 성공한 대표적인 사람을 꼽자면 오은영 박사와 강형욱 훈련사가 아닐까. 나는 이 두 사람처럼 되면 참 좋겠다는 생각을 자주 한다. 아이들과 어른들의 정신 건강에 큰 도움과 좋은 영향을 주는 일, 반려견에 대한 잘못된 인식을 바로잡고 좋은 방향으로 반려견 문화를 리드해가는 일. 정말 꼭 필요한 일을, 그것도 제대로 잘해주고 있다. 오은영 박사는 요즘 육아 토크쇼로 전국 투어는 물론 해외 투어까지 한다고 들었다. 자기가 잘하고 또 좋아하는 분야의 일을 하며 돈도 벌고 대중적인 인기도 누리고, 세상을 조금씩 변화시키는 데도 한몫

하고 있으니 참 부럽다.

능력과 성실함에 따뜻함까지 가지기가 쉽지 않은데 오은영 박사와 강형욱 훈련사는 그런 면에서 정말 타고난 사람들 같다. 능력도 능력이지만 인간과 동물에 대한 그들의 깊은 사랑과 연민이 많은 사람들에게 가닿은 것이 인기의 비결인 듯. 지금의 가게를 시작하면서 크고 작은 일들을 참 많이 겪으며 위기를 넘겨왔는데 그럴 때마다 매주 챙겨 본 '금쪽 시리즈'의 상담 프로그램과 강형욱 훈련사가 나오는 프로그램은 내게 큰 도움을 주었다. 전혀 다른 분야여도 그들이 하는 말이 내 상황에 바로 적용할 수 있는 부분들이 많았다.

가게를 운영하면서 가장 복잡하고 어려운 일 중의 하나가 사람을 대하는 일이다. 잘해도 문제가 생기고 못해도 문제가 생기고, 심지어는 아무것도 안 해도 문제가 생긴다. 특히 직원들과의 관계가 그렇다. 창업을 준비하면서 큰 회사든 작은 회사든 모든 오너가 하나같이 입을 모아 하는 말은 사람 관리, 인간관계가 가장 어렵고 힘들다는 것이다.

그럴 때마다 오은영 박사의 이야기가 많은 참고가 되었다. '내가 통제할 수 없는 것에 에너지를 쓰기보다 내가 통제할 수 있는 것에 먼저 에너지를 집중할 것!' 모든 문제에

오은영처럼 강형욱처럼

부딪힐 때마다 이 말을 적용하면 의외로 일이 쉽게 풀린다.

아이와의 관계든, 직원들과 손님과의 관계든, 동물과의 관계든 오은영 박사와 강형욱 훈련사가 말하는 관계의 가장 기본 전제는 바로 '신뢰'가 아닐까 싶다. 하지만 그 신뢰가 쌓이기까지는 적지 않은 시간과 노력이 필요하다. 〈고독한 훈련사〉라는 프로그램에서 강아지들이 자기 주인을 어떻게 분별할까,라는 질문에 강형욱 훈련사가 한 말이 나는 참 좋았다.

"애네들은 눈도 코도 귀도, 모든 걸 다 사용해서 나를 아끼는 사람과 또 내 편인 사람을 구별해요. 그냥 알아요. 알 수밖에 없어요."

그렇다. 그냥 알 수밖에 없다. 사장과 직원들이 진심으로 일하면 손님들은 안다. 알 수밖에 없다. 중요한 건 방법이 아니라 태도다. 아이를 키울 때도, 일을 할 때도, 동물을 대할 때도 어떤 마음으로 하는가가 가장 중요하다. 심리상담가이자 정신분석학자인 박경순이 쓴, 내가 아끼는 육아책 《엄마 교과서》에는 "마음이 깊으면 닿지 않는 곳이 없다"라는 말이 나온다. 생명을 대할 때 가장 필요한 마음가짐이라 생각한다. 자기 분야에서 인정받고 성공한 이들 나름의 고민들이 왜 없을까. 유명한 만큼 논란에 휩싸이는 일도 많을 것이다. 자신이 하고 있는 훈련이 지나치게 개들을 통제하는 방식이라는 지적에 강형욱 훈련사는 힘들어했다. 제한이 많은 한국의 도시에서 생활하는 반려견들이 많다 보니 어쩔 수 없는 부분이라는 걸 인정하면서도 괴로울 것이다.

무슨 일을 하든 논란과 갈등 상황은 겪기 마련이다. 그럼에도 대상에 대한 진심 어린 이해와 사랑을 놓지 않고 있다. 이 두 전문가가 탁월한 이유는 바로 이것 때문 아닐까. 더 다양한 분야에서 이런 전문가들이 나와 세상을 좀 더 나은 곳으로 만들기 바란다. 나도 그 중 한 사람이 되고 싶다.

일본 사회에서도 자기만의 방식으로 대체 불가능한 존재가 된 사람들이 많다. 내가 꼽은 일본인 중의 온리 원은 2022년 아카데미에서 국제장편영화상을 받은 일본 영화 〈드라이브 마이 카〉의 남자 주인공, 배우 니시지마 히데토시이다. 이 배우는 한국에서도 유명한 키무라 타쿠야와 동년배로 20대 초반 때부터 인기를 끌었다. 드라마와 영화뿐 아니라 아이돌로도 왕성한 활동을 한 키무라 타쿠야와는 달리 니시지마 히데토시는 배우의 길만을 가고 싶다고 고집해서 당시 소속사와 큰 갈등을 빚었다고 한다.

아이돌을 거부한 대가로 소속사는 그에게 5년 동안이나

방송 드라마 출연을 막았고 한창 일할 20대 시절을 그는 활동의 폭이 제한된 채 지낼 수밖에 없었다. 보통 젊은 남자 연예인이 이런 상황에 놓이면 방황하거나 절망에 빠지기 마련인데 니시지마 히데토시는 그 시기를 수많은 영화 감상과 철저한 운동과 몸 관리, 아주 작은 배역이라도 마다하지 않고 출연하며 의미 있게 보냈다.

그런 오랜 노력의 결과인지 그는 젊은 시절보다 40대 때부터 더 큰 능력을 발휘하기 시작했다. 일본을 대표하는 연기파 배우가 되었고 만으로 51세가 된 지금도 여전히 남성적인 매력을 유지하고 있다. 무엇보다 다방면으로 그 수많은 일과 배역을 언제 다 해내는지 내가 보기엔 정말 소처럼 일하는 사람 같다. 아마 수입 면에서도 나이가 들수록 몸값이 높아지고 있고 지금이 한창이니 앞으로 직업적으로도 더 성장할 가능성이 많은 배우라는 게 정말 부럽다.

내가 이렇게도 그가 부러운 이유는 나와 동갑이기 때문이다. 성별을 떠나 나이가 들어서 오히려 빛을 발하고 멋있게 중년의 삶을 살고 있는 사람들에게 나는 관심이 많다. 그래선지 그가 하는 연기는 순수하고 차분하지만 깊이가 있고 가끔은 귀엽기도 하다.

한국에서도 제법 인기가 많은 일본 드라마 〈어제, 뭐 먹었어?)는 내가 지금 가게를 하는 데도 많은 영감을 주었다. 드라마나 영화가 끝나고 나서도 이 드라마 주인공들은 왠지 어딘가에서 실제 그 모습 그대로 살고 있을 듯한 기분이 든다. 무채색의 작은 아파트 부엌이지만 단정하고 정갈한 그곳에서 퇴근 후에 그날 싸게 나온 식재료들을 마트에서 사 와 저녁을 지어먹는 풍경.

우리 가게도 손님들에게 그런 공간으로 기억되었으면 좋겠다. 그리고 시간이 흘러갈수록 조금씩 더 사랑받는 곳이 되면 좋겠다. 이제 막 오십을 넘긴 니시지마 히데토시와 나처럼 많은 사람들이 50대의 삶을 풍부하고 아름답게 그리고 여전히 귀엽게 살 수 있었으면 좋겠다. 그래서 이 사회의 좋은 어른으로 중심을 탁 버티고 있어주면 좋겠다. 좋은 어른이 너무 없는 시대니까 우리 다 같이 각 분야에서 왕성하게 활동하며 선한 영향력을 끼쳤으면 좋겠다.

그런 의미에서 내 맘대로, 50대 나의 라이벌은 니시지마 히데토시로 정했다. 어디다 동급으로 갖다 붙이냐며 악플이 난무하겠지만 뭐 71년생 동갑인 게 사실인데 뭐 어때.

그는 소처럼 일하는 남자, 나는 소처럼 일하는 여자…….

오은영처럼 강형욱처럼

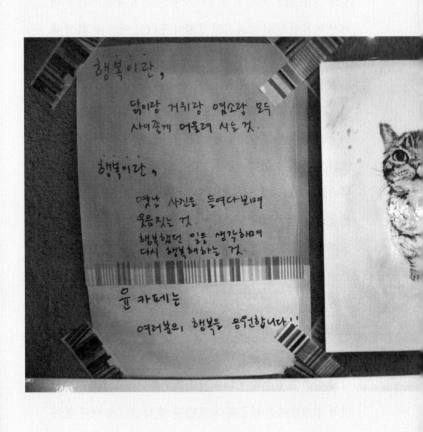

행복이란,

닭이랑 거위랑 염소랑 모두
사이좋게 어울려 사는 것.

행복이란,

옛날 사진을 들여다보며
웃음짓는 것.
행복했던 일을 생각해며
다시 행복해하는 것.

윤 카페는

여러분의 행복을 응원합니다!!

창업 후
달라진 것들과
'윤카페'의
미래

# 윤카페

------------------

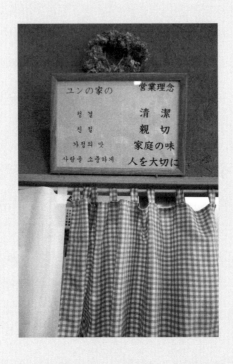

가장 중요한 것은 손님,
소비자와의 신뢰라고 생각한다.
돈 쓰기에 민감해지는 시대일수록
'안심하고 돈을 쓸 수 있는 가게'가 필요하다.
카페와 음식점은 이미 레드오션이라지만
내가 보기엔 오히려 블루오션 같다.
가게는 많다.
그러나 꼭 가고 싶은 가게는
손을 꼽을 정도다.
바로 거기에 가능성이 있다.

# 도쿄에서
# '윤식당'처럼 살아요

 

나영석 피디가 기획한 예능 프로 〈삼시세끼〉가 다양한 시리즈로 인기를 끌더니, 〈윤식당〉과 〈윤스테이〉, 2023년에는 BTS의 V까지 합류한 〈서진이네〉로 이어졌다. 해외에서 작고 예쁜 식당을 하며 현지에서 직접 살아보고 싶은 사람들의 로망을 실현해주는 데까지 진화한 것이다. 온통 자연에 둘러싸인 시골이나 낯선 외국에서 좋은 사람들과 밥을 만들어 먹는다는 서사는 이 책에서 지금까지 내가 했던 이야기와 공통점이 많다. 그래서 정말 이 프로그램들을 열심히 찾아보았다. 모든 것이 공감이 되지는 않았지만 내가 좋아하고 해보고 싶었던 많은 것이 담겨 있었다.

〈윤식당〉의 부엌은 멍하니 보고 있는 것만으로도 내가 새로운 곳으로 살러 간 것처럼 느끼게 해준다. 영화 〈카모메 식당〉처럼 한 번쯤 낯선 나라에 가서 아기자기한 부엌에서 요리를 해보았으면, 예쁜 식당의 주인도 되어본다면 하는 낭만적인 상상들. 그러다 보면 뽀샤시한 그 화면 뒤에 숨어 있는 현실이 궁금해지기 시작한다. 현지에서 식당 허가를 받는 게 쉽지 않았을 텐데, 조리 자격증은 있을까? 영업 허가 과정은 제대로 밟았을까? 아무리 방송이라지만 저 정도 준비만으로 덜컥 시작해도 되나? 현실에서 식당을 운영하는 사람들이 본다면 방송이 그려내는 모습은 얼마나 소꿉장난 같을까? 주부인 내가 보기에도 그들의 모습은 너무 어설퍼 보였는데 어쩌면 방송에서는 그런 모습을 가감없이 드러내고 싶었을지도 모른다.

〈윤식당〉이란 예능과 요시모토 바나나의 《키친》이라는 소설에서 그려낸 부엌은 이국적이면서도 감성적인 풍경을 담고 있다. 반면 우리가 사는 현실 속의 부엌은 그리 아름답지도 그다지 설레지도 않는 공간이다. 20년차 주부인 나에겐 온갖 정신 질환이 발병하는 진원지 같다는 게 솔직한 심정이다. 요리를 좋아하지만 식구들의 끼니를 이렇게 오랜 세월 동안 매일매일 차리다 보면 밥시간이 다가올 때마다 강박증처럼 신경이 예민해지고 뭔가에 쫓기는 기분이 들곤 한다. 그럴 때 철없이 던지는 식구들의 무신경한 한마디는 나를 더욱 미치게 만들었다.

"오늘 저녁은 뭐야?"

비교적 시간 여유가 있거나 냉장고 속 식재료들로 뭘 만들겠다는 계획과 의욕이 준비되어 있으면 괜찮은데 바깥 일을 보고 정신없이 집으로 돌아왔을 때가 문제다. 배고픈 아이들의 원성은 점점 높아지는데 부엌은 엉망진창에 식사 준비를 제로부터 시작해야 할 때면 정말이지 어디론가 도망가고 싶다. 나도 온종일 일하고 배가 고파 숨이 넘어갈 지경인데 어쩌라고! 이런 저녁 시간을 20년이나 보내고 있다니.

가게 일을 시작하고 난 뒤로는 대학생이 된 큰아이가 남편과 함께 저녁 차리는 걸 많이 도와준다. 일주일에 두어 번 나는 차려주는 대로 먹기만 하면 되는 수준이 되었다. 그래도 늘 쉽지가 않다. 오늘 저녁을 대충 잘 넘겨도 내일 저녁이, 모레 저녁이 또 걱정이다.

사는 게 이런데 〈윤식당〉 속의 부엌을 또 넋 놓고 들여다보는 이유는 뭐란 말인가. 지극히 사는 냄새 가득한 우리들 부엌이라 해도 때가 되면 밥 짓는 냄새가 솔솔 나고 국이나 찌개가 보글보글 끓는 풍경은 힘든 일상 속의 고맙고 소중한 풍경이다. 굶주림에 숨이 넘어가던 중학생 아들이 밥이랑 고기랑 상추를 입이 미어지도록 싸서 먹어대는 모습을 보면 어미로서의 내 할 일을 다한 듯 뿌듯하다. 실컷 먹고 배가 부른 아들은 한순간에 온순해져서 있는 듯 없는 듯 조용해진다(스마트폰과 탄산 음료만 있으면 아들은 행복하다).

화면 속에서만 보던 〈윤식당〉이 나의 현실이 된 지금 부엌을 더 깊이 사랑하게 되었다. 가족이 모두 함께 쓰는 우리집 부엌에 비해 가게의 주방은 내가 완벽하게 통제할 수 있는 공간이다. 청결과 위생이 생명인 영업 공간이다 보니 더 철저하게 관리하고 통제할 수 있다. 전날 노동의 피로로 아침에 일어나기 힘들 때도 얼른 가게 부엌에 가고 싶어 서두르게 된다. 아침마다 제일 먼저 가게 문을 열고 들어서면 이미 깔끔하게 정리된 단정한 부엌이 빛나고 있다. '잘 잤어?' 하며 흐뭇하게 한번 웃어주고는 홀에 나와 음악을 튼다. 큰 창으로 들어오는 아침 햇살은 한겨울에도 충분히 따뜻하고 포근하다. 커피 머신 전원을 켜고 향이 좋은 커피콩을 한가득 쏟아 부어 커피를 내린다. 그날의 예약을 시간 순서대로 확인하고 인스타 DM으로 들어오는 주문도 메모하며 커피를 마신다. 그날 날씨와 기분에 어울리는 달콤한 간식도 곁

들여.

'윤카페'를 오픈하고부터는 아이와 남편에게 잔소리를 거의 하지 않게 되었다. 내가 원하는 방식에 가족들을 끼워 맞추려고 하지도 않고 집을 나의 취향대로 유지하려고 고집하지도 않는다. 우리집은 나 혼자만의 공간이 아니라 가족 모두가 공유하는 곳이란 걸 이제야 깨달았다. 정리정돈과 청결이 아무리 중요한 가치라 해도 대충대충이 편한 아이들과 남편은 그들이 만족하는 대로 집을 사용하고 누릴 권리가 있는 것이다.

청결에 대해 민감한 사람들은 강박 성향을 가진 경우가 많다. 나도 그런 편이었다. 그런데 내게는 그게 편하고 아무리 좋다 해도 함께 사는 식구들이 지나치다고 느끼거나 불편해한다면 생각해보아야 할 문제다. 집에 없는 시간이 많아진 이유도 있지만 필요 이상으로 잔소리와 간섭을 하지 않으니 가족과의 관계도 이전보다 훨씬 좋아진 걸 느낀다.

전업주부 시절엔 가족에 대한 집착이 지금보다 훨씬 강했던 것 같다. 가족과 더 잘 지내기 위해서라도 가족이 나의 전부가 되어선 안 된다고 생각한다. 내가 경제력과 사회성을 가지는 만큼 아이들에게도 긍정적인 도움을 줄 수 있다. 내버려두되 항상 지켜보기. 청소년기 아이들에겐 부모의

도쿄에서 '윤식당'처럼 살아요

이런 태도가 필요하지 않을까.

가게를 한다는 건 치열한 현실이다. 그러나 〈윤식당〉 스페인 편에서 그랬듯이 푸르고 멋진 해변가를 달리며 하루 장사를 시작하는 박서준처럼, 아름다운 타일 바닥의 주방에서 채소를 다듬는 정유미처럼 그렇게 살지 말라는 법도 없다. 어쩌면 그런 반짝이는 일상의 순간을 즐기기 위해 고단한 노동을 하면서도 최선을 다하는 건지도 모른다.

나의 윤카페에는 내가 좋아하는 모든 것들이 있다. 맘만 먹으면 언제든 뚝딱 만들어 먹을 수 있는 식재료가 가득하고, 맛좋은 커피도 충분하고, 단골손님들이 하루가 멀다 하고 사다 주는 일본 전국 각지의 다양한 디저트들, 무엇보다 마음씨 착하고 성실한 직원들과 마음 맞는 손님들과 한국어 교실 수강생들, 이쁜 한국 그림책들과 내가 쓴 책들, 읽은 책들, 귀여운 조명과 소품들, 좋은 음악들. 그렇다. 지금 나는 도쿄에서 〈윤식당〉처럼 살고 있다. 꿈에서 그치지 않고 현실이 된 윤카페에서.

# 나이 50에 찾은
# '진짜 나'

가게가 쉬는 날인 목요일을 빼고 윤카페로 매일 아침 출근하는 나의 하루는 이렇다.

- 6:30  일어나 씻고 준비한다. (예약이 많은 날은 이 시간에 출근하는 경우도 있다)
- 7:30  두 아이와 남편이 아침을 먹고 출근과 등교를 하면 부엌과 거실을 정리한다.
- 8:30  노트북으로 예약과 주문 사항 확인하고, 인스타로 밤새 들어온 예약에 답글을 단다.

- 9:00~9:30  카페로 출근

- 9:30~11:00  직원들과 오픈 준비를 한다. 전날 준비해둔 식재료들로 조리를 시작한다.

- 11:00~15:00  매장, 테이크아웃, 배달로 들어오는 주문에 맞춰 요리한다. 점심 영업 4~5시간이 하루 중 가장 바쁜 시간이다.

- 15:00~16:00  직원들과 점심을 먹으며 폭풍 수다 타임을 갖고, 다음 날 식재료를 준비한다.

- 16:00~17:00  테이크아웃 예약 찾으러 온 손님들을 응대하며 가게를 정리한 뒤 퇴근한다.

- 17:30  귀가하여, 카페에서 가져온 반찬들로 저녁을 미리 준비해둔다.

- 18:00~21:00  일찍 목욕하고 푹 쉰다. 점심 장사는 단 몇 시간에 불과하지만 엄청난 노동력과 집중력이 필요하다. 그래서 저녁에는 불필요한 외출이나 약속을 잡지 않고 가족들과 일찍 저녁을 먹고 천천히 시간을 보낸다.

- 21:00~23:00  빨래는 밤에 미리 해서 다 널어놓고 좋아하는 유튜브를 보거나 가게 영업, 창업, 회사 운영 등에 도움이 되는 영상을 보며 메모를 하고 글을 쓴다. 이 시간대에도 다음 날 주문이나 예약이 인스타 DM으로 많

이 들어와서 확인 답글을 보내거나 직원들에게도 연락해둔다.

- **23:00** 중학생인 아들이 스마트폰을 반납하도록 하고 잠자리에 드는 걸 확인한 후 나도 잔다. 아이들이 중학교까지는 자기 전에 스마트폰을 부모에게 맡기고 잠드는 게 우리집 원칙이다. 그래야 아이들이 푹 잘 수 있고 아침에도 제대로 일어나야 나의 출근도 지장 없이 준비할 수 있기 때문이다. 나도 아이들도 푹 잘 자도록 규칙과 환경을 만드는 일, 일과 육아가 순조롭게 이루어지기 위한 아주 중요한 원칙이다.

아침에 출근할 때, 카페 문을 열고 들어설 때, 내가 좋아하는 채소들과 함께 있을 때, 요리할 때, 반짝이는 조리대를 닦을 때, 문득 이런 생각이 든다.

'이제 진짜 내가 된 것 같다.'

더할 것도 없이 덜할 것도 없이 그냥 나 자신이 된 것 같은 기분. 나에게 꼭 맞는 옷을 입은 기분. 그래서 편안하고 더 바랄 것도 없이 있는 그대로 나로서 행동하고 나로서 그냥 있으면 되는. 아! 이 일이 내 천직이구나!

일을 시작하고 나서야 깨닫게 되는 것이 참 많다. 학교든 직장이든 남의 가게든, 어떤 조직 속에서 일할 때 내가 왜 그렇게 힘들어 했는지, 빨리 그만둘 수밖에 없었는지도 이제야 알게 되었다. 그러니까 나는 누군가가 만든 규칙에 무조건 따르고 시키는 대로 하는 것이 어려운, 그런 게 잘 안 되는 사람이다. 그 조직이 비합리적이거나 비효율적이거나 비생산적이거나 시대착오적이거나 권위적일수록 나는 힘들어했다. 이걸 좀 더 빨리 알았다면 좋았을 텐데. 아니, 이제라도 알아서 정말 다행이다.

창업을 해보니 어떠냐고 누가 내게 묻는다면 성시경의 〈너의 모든 순간〉이란 노래를 대신 들려주고 싶다.

모든 건 분명 달라지고 있었어
내 세상은 널 알기 전과 후로 나뉘어

정말 그렇다. 내 인생은 창업을 하기 전과 후로 나뉠 만큼 모든 것이 좋은 방향으로 달라지고 있다. 요즘은 발라드 곡을 들으면 그게 연애 이야기라기보다 창업에 대한 이야기로 들리곤 한다. 연애와 창업이 비슷한 걸까? 모든 발라드곡이 내 이야기인 것만 같다. 멜로망스의 〈선물〉이란 노래는 내 속마음을 누가 가사로 써준 것 같은 착각이 들게 하

는데,

남의 얘기 같던 설레는 일들이

내게 일어나고 있어

나에게만 준비된 선물 같아

자그마한 모든 게 커져만 가

항상 평범했던 일상도

특별해지는 이 순간

이건 뭐 연애 예찬이 아니라 창업 예찬 같지만 어쩔 수 없다. 지금 내 마음이 그런 걸. 〈너의 모든 순간〉의 가사처럼 정말 "빈틈없이 행복"하다. 20대, 30대, 40대까지 30여 년 동안이나 수많은 길을 돌아온 끝에 찾은 나의 직장. 나 스스로가 나에게 만들어준 나의 평생 직장. 정년도 없고 모든 규칙도 내가 정하고 내가 지킨다. 어쩌면 진짜 친구는 나 자신뿐인지도 모른다. 나 스스로를 행복하게 만들어주고 나를 가장 잘 이해할 수 있는 것도 나다. 그래야 내 삶이 잘 풀리게 된다는 걸 창업을 통해 절실히 깨달았다.

인스타를 가만히 들여다볼 때면 사람들은 행복하고 싶기보다 행복해 보이고 싶어한다는 생각이 든다. 인정 욕구 때문일까. 그런데 내가 나를 인정하고 있는 그대로 받아들이게 되면 남을 향해 뻗어 있는 인정 욕구가 조금씩 거두어지는 것 같다. 보여지는 것에 쓰는 에너지를 좀 더 나 자신에게 집중하게 된다. 자주 찾아보는 유튜브 중에 '이연'이라는 젊은 친구가 있다. 그녀는 "나만의 파도를 만드세요."라고 말한다.

잔잔한 나의 파도, 그걸 만들면 나를 통제하려고 했던 큰 파도를 상쇄할 수 있는 단단한 내가 만들어집니다.

혹시 조직 생활이 유난히 힘들고 지치는 사람이 있다면 창업에 도전해보라고 권하고 싶다. 생각이 길면 용기는 사라지고 만다. 먼저 행동하고 시작하는 게 중요하다. 걱정할 시간에 자신의 욕망에 솔직하게 지금 바로 필요한 것을 하길 바란다.

# 좋은 사람들이 넝쿨째
# 나의 삶 속으로

　겨우 2년이지만 우리 카페 직원으로 스쳐간 사람은 수도 없이 많다. 짧게 혹은 길게 파트타임으로 일했던 여러 한국인과 일본인들 중에서 가장 인상적인 사람은 아오모리 출신의 미유키 상이다. 우리는 2020년 늦가을, 내가 인스타를 통해 낸 가게 아르바이트 모집 안내를 보고 찾아온 게 계기가 되어 처음 만났다. 만으로 딱 40세, 주부, 두 아이의 엄마이자 BTS의 팬이라고 자신을 소개한 그녀에게서 받은 첫인상은 단정한 옷차림, 성실한 말투와 몸짓, 실제 나이보다 젊어 보이는 외모, 성의 가득한 이력서 등이었는데 그냥 딱 보아도 채용하지 않을 이유가 없었다.

그녀는 처음부터 남달랐다. 첫 근무일 전에 스스로 견학을 한번 하고 싶다는 제안을 했다. 실제 급여가 계산되는 근무일이 아닐지라도 가게가 영업하는 실제 현장에서 직접 견학하며 배우고 참고하겠다는 발상과 제안을 먼저 해온 직원은 지금까지도 그녀가 유일하다. 약속한 날, 가게가 가장 바쁜 점심 시간에 그녀가 왔다. 여전히 단정한 차림새에 야무지게 메모장과 펜을 들고.

점심 시간 무렵의 가게는 정말 드라마나 영화 속에 나오는 장면 그대로다. 미유키 씨가 온 그날은 유난히 정신없이 손님이 몰려온 날이었다. 처음엔 주방 한쪽에서 직원들의 움직임을 보며 열심히 메모하던 미유키 상은 쏟아지는 주문에 점점 전쟁터처럼 변해가는 주방에서 이 사람 저 사람한테 밀리며 다소 거추장스러운(?) 존재가 되어갔다.

그런 미유키 상에게 앞치마를 던져주며 말했다.

"오늘부터 그냥 근무하는 걸로 합시다. 괜찮죠?"

정식 출근일 전에 무보수라도 좋으니 일을 배우겠다고 온 사람은 이미 그 자세와 태도만으로도 충분히 인정받을 만하고, 사장의 입장에선 즐겁게 급여를 정산하고 보너스까지 챙겨주고 싶을 만큼 '너무 이쁜 직원'이었다.

그렇게 일을 시작한 미유키 씨는 우리 가게의 베테랑 직원이 되었고 시간당 수당도 가장 높은, 소중하기 그지없는 직원이다. 그녀가 근무를 시작하고 몇 주쯤 지났을 때 다른 직원들과는 또 다른 무언가를 느꼈다. 그녀가 출근하는 날은 왠지 모르게 가게 전체가 따스하고 아늑한 가정적인 느낌이 드는 것이다. 편안하고 따뜻하고 긴장하지 않아도 되는 그런 느낌. 홀에 앉아서 식사를 하시는 손님들뿐 아니라 주방에서 요리를 준비하는 나도 뭔가 안심이 된다고 해야 하나. 홀을 믿고 맡길 수 있으니 내 일에 집중할 수 있어 좋았다. 어릴 때 부엌에서 엄마가 저녁 준비를 하는 소리를 들으며 학교 숙제를 천천히 하는 그런 안정된 느낌. 아, 이게 내가 바라던 가게의 모습이었다!

그날 점심 영업이 끝나고 둘이서 같이 밥을 먹을 때 내가 말했다.

"미유키 씨가 온 뒤로 우리 가게가 훨씬 따뜻해지고 가정적인 분위기가 된 것 같아요. 아마 손님들도 그렇게 느끼셨을 거예요."

"정말요?"

수줍은 미소를 짓던 그녀는 잠시 잠자코 있다가 이야기를 시작했다.

"실은 저희 부모님이 두 분 다 시각장애인이시거든요. 그

좋은 사람들이 넝쿨째 나의 삶 속으로

래서 어릴 때 집에 안마소를 차려서 두 분 다 안마 일을 하며 언니랑 저를 키우셨는데, 살림하는 공간과 손님이 안마 받는 공간이 크게 구분이 되어 있지 않아 학교에서 돌아오면 항상 부모님이 쉿! 손님이 계시니까 조용히 해야 해, 그러셨죠."

친구를 집에 데리고 와서 노는 것도 밖에 나가서 실컷 노는 것도 어려워서 학교 다녀오면 늘 고요한 집에 조용히 지내야 했던 일, 앞이 보이지 않음에도 불구하고 도시락을 정성스레 싸주셨던 부모님 이야기, 외출할 때 앞이 보이지 않는 부모님 안전을 위해 항상 손을 잡아드려야 했던 일, 신호등 앞에 멈춰 섰을 때 반대편에 서 있던 친구들이 자기를 보는 게 부끄러웠다는 이야기 등등.

나는 한 편의 드라마 같은 미유키 상의 이야기를 들으며 밥 먹다 눈물 콧물을 다 쏟고 있었다. 많은 말로 요란을 떨진 않지만 그녀의 남다른 친절함과 섬세한 배려가 어디에서 비롯된 것인지 그제야 깨닫게 되었다. 잔잔한 미소와 함께 담담하게 이야기를 하고 있었지만 굳이 떠올리고 싶지 않은 힘든 일들이 너무나 많았을 것이다.

우리 둘 사이에 뭔가가 오고간 그날 이후 우리는, 우리 둘만 통하는 '오지랖 서비스'를 손님들에게 실행해오고 있다.

예를 들면 이런 식이다. 분주한 점심 영업 시간, 정신없이 바쁜 와중에 갑자기 미유키 씨가 내 옆에 바짝 다가와 "저기 주부 손님 두 분이 지금 막 식사를 끝냈는데, 한 분이 너무 많이 울고 계신데요. 심각하게 얘기하시는 걸 보니 무슨 일이 있으셨나 봐요." 한다. 김밥을 말던 나는 이미 다 알겠다는 듯, "그래? 그럼 그 테이블로 따뜻한 커피 두 잔이랑 호떡 두 개 가져갈까?" 내 말이 떨어지기가 무섭게 미유키 상은 비장한 표정으로 "네! 알겠습니다!" 하며 무슨 작전 수행을 하듯 커피를 내려 테이블로 부리나케 가져갔다. 주방으로 돌아와서는 어김없이 보고를 해주는데, 아까보다 한결 여유 있는 표정으로 하는 말, "울다가 커피랑 호떡 보시고는 웃으셨어요."

겸손, 겸허, 양보, 배려와 인내. 요즘은 섣불리 사용하기 어려운 인간관계의 미덕들. 이제는 상대를 면밀히 가려가며 사용할 수밖에 없는 이런 덕목들이 미유키 씨와 있으면 너무나 당연한 것이 되고 만다. 자신을 먼저 낮추고 겸허한 마음과 자세로 상대를 대하는 모습과 손해 보는 것을 먼저 계산하지 않고 해야 하는 일에 먼저 집중하는 삶의 태도를 보며 너무 많은 것을 배우고 있다. 좋은 사람과 일하면서 가장 좋은 점은 몸과 마음이 덜 피곤한 것은 물론, 내가 가

좋은 사람들이 넝쿨째 나의 삶 속으로

진 에너지를 일 자체에 온전히 쏟으며 집중할 수 있다는 것이다.

그동안 살아오면서 사람들과 좋은 관계를 유지하기 위해 필요 이상으로 애쓴 건 아닌가 하는 생각이 문득 들었다. 가족과도 친구와도, 일로 만난 사람들뿐 아니라 잠깐 알고 지내는 사람들과도 다 원만하게 잘 지내고 싶은 욕심이 있었다. 조금이라도 관계의 틈이 벌어지거나 오해가 생기면 마음이 불편하고 잠이 오지 않았다. 한마디로 정리하면, 내 마음대로 통제되지 않는 것에 대해 나는 지나치게 집착하고 힘들어하느라 불필요한 시간과 에너지를 써왔던 것이다. 자신이 통제할 수 없는 현실을 있는 그대로 받아들이고, 그 속에서도 자신이 할 수 있는 것과 소중히 해야 할 것에 집중하는 미유키 씨의 삶에 크게 감동받았다. 윤카페를 통해 만난 사람들 중에 가장 인상적인 사람이자 소중한 사람이다. 이 책을 쓰고자 마음먹었을 때 가장 먼저 풀어놓고 싶은 에피소드이기도 했다.

좋은 사람이 열 명 있어도 싫은 사람 단 한 명이 하루를 망친다는 말이 있다. 좋은 사람과 함께 있는 단 몇 분이 하루 전체를 행복하게 하는 신기한 일을 우리는 종종 겪는다. 한 명의 좋은 사람의 배경에는 여러 좋은 사람이 존재한다.

지난 3년 동안 좋은 사람들이 넝쿨째 나의 삶 속으로 굴러 들어온 기분이다. 우리 윤카페에는 봄날의 햇살 같은 미유키 상이 언제나 지키고 있다.

좋은 사람들이 넝쿨째 나의 삶 속으로

전업주부를 우대하고
여성의 자립을 돕는 가게

얼마 전 세계 최대 구인구직 플랫폼에서 이력 항목에 이런 내용을 추가했다고 한다. '가족 CEO', '최고 가정 관리자'라는 항목이 바로 그것이다. 결혼과 육아로 경력 공백이 많은 전업주부, 전업대디의 직장 복귀를 위한 새로운 취업 문화가 등장하고 있는 셈이다. 앞에서도 말했지만 결혼은 창업, 작은 규모의 회사를 경영하는 것과 비슷하다.

출산, 육아, 자녀들의 학습, 입사, 결혼까지는 마치 기획, 운영, 개발, 마케팅의 다양한 기술과 능력을 자신이 가진 최대치로 발휘하는 과정이다. 이런 중요한 일들을 전업주부들은 거의 전담하다시피 하는 경우가 많으니 어떤 면에선 굉장한 인재인 셈이다. 전업주부로 오랜 시간을 보내왔기 때문에 누구보다 그 일의 보람과 고충에 대해 잘 알고 있다. 그래서 가게를 운영하게 된다면 전업주부들을 적극적으로 고용하고 싶었다.

지난 3년 동안 30대부터 50대까지 10여 명 정도의 전업 주부 직원이 우리 가게에서 일했다. 주부다운 일솜씨와 인내심, 성실함, 친절하고 여유 있게 손님을 대하는 태도…. 무엇보다 그들이 가장 빛을 발하는 때는 아기나 어린이 손님들을 대할 때였다. 아이를 키워본 사람은 역시 달랐다. 내가 개떡 같이 말해도 찰떡 같이 알아듣고 일사불란하게 움직이는 전업주부들의 노련함과 팀워크이란! 거의 예술에 가깝다.

그런데! 아쉬운 부분도 가끔 있는데, 그건 바로 일에 대해 프로답지 못할 때다. 처음에 일을 시작할 때는 누구보다 밝고 의욕적이고, 아침에 출근할 곳이 있다는 게 너무 신난다며 열심히 한다. 그러다 일이 생각보다 힘들어지거나 자신의 능력이 부족하다고 느끼거나 지적받는 순간을 왔을 때 잘 넘기지를 못한다. 무엇보다 그들이 가장 흔들릴 때는 아이들이 아플 때와 가사와 육아 분담으로 남편과 부딪힐 때다. 나도 똑같이 겪어온 과정이고 지금도 일부분 현재진

행형이다. 나 또한 잘 안다.

　그런데 대부분의 전업주부들이 그런 순간을 현명하게 넘기지 못한다. 혼자 힘들어하고 고민하다 그만두고 가정으로 돌아가고 만다. 가게 입장에서는 직원 한 사람이 익숙하게 일을 하게 될 때까지 가르치는 데도 적지 않은 시간과 비용이 든다. 그런데 짧은 기간에 금방 그만두게 되면 새로운 사람을 또 찾아야 하고 다른 직원들의 근무 부담도 늘어나게 된다. 오랜 기간 근무하는 몇몇 직원을 제외하고 지난 3년 동안 이런 일이 반복되었다.

　그래도 나는 주부가 이력서를 들고 오면 언제나 대환영이다. 짧은 기간이라 해도 우리 가게에서 일하고 싶어 찾아오는 사람이라면 간단한 면접을 거쳐 일을 시작하는 경우가 많다. 아르바이트 일자리를 찾는 일본 주부들에게 우리 가게의 인기는 대단하다. 인스타에 직원 모집 안내를 올리기가 무섭게 DM이 끊임없이 울린다. 여러 번 지원 경험이 있는 사람은 금방 모집 마감이 되는 걸 알고는 기다렸다가 바로 지원서를 넣는다. 최근 일본 여성들 사이에 한국과 한국 요리에 대한 높은 관심과 더불어 윤카페의 높은 시급, 맛있는 요리, 즐겁게 일하는 직원들의 분위기 등이 인기의 비결인 것 같다.

봄날의 햇살 같은 미유키 상이 나의 오른팔이라면 나의 왼팔과도 같은 주부 직원 카오리 상의 이야기를 들어보자.

### 나에게 윤카페란

— 우메키 카오리(윤카페 2년차 직원, 40대 초반 주부)

윤카페 인스타를 팔로우하고 있던 차에, 2022년 신정 연휴에 올라온 〈주부 사원만 모집합니다〉라는 제목의 공고를 보고 주저 없이 응모하였습니다. 저에게 한국 요리는 일상적인 음식은 아니지만 언제든 먹을 의욕으로 충만한, 기대되는 외국 요리였습니다. 윤카페에서 일하기 전에는 각종 찌개 종류가 한국 요리의 대부분이라 막연히 생각했고, '한국 요리는 매운 요리'라는 이미지가 강했지요. 그런데 윤카페에서 일하게 된 뒤 저는 비빔밥의 노예(?)가 되고 말았습니다. 하얀 밥 위에 참기름을 두르고 달걀 프라이와 각종 나물들을 얹어 비벼먹는 음식이 이렇게 맛있을 수가!

윤 상이 애호박이나 취나물, 고사리 같은 각 계절에 맞는 나물을 만들어주거나 손님들뿐 아니라 직원들의 취향을 미리 파악해서 맞춤형 비빔밥을 제안해주는 게 정말 최고였어요. 매일 먹어도 질리지 않고 정말 맛있습니다. 갈비, 찌개, 삼겹살 같은 일본인들에게는 화려해 보이는 요리만이 한국 요리가 아니라 집에 있는 평범한 재료들로 쉽게 만들 수 있는 한국의 가정 요리를 알게 된 것이 저에겐 새로운 발견이었습니다.

그리고 윤 상과의 만남도 큰 사건이었습니다. 평소에는 엄격한 오너지만 때로는 심리 카운셀러로, 때로는 같은 여성으로, 때로는 든든한 선배로 대해주고, 어떤 때는 호기심 왕성한 아이 같은, 또 어떨 때는 별일 아닌 것에도 박장대소하며 웃게 되는 친구 같은 윤 상! 제가 나이 들어가면서 잃어가고 있는 나다움, 일본인으로서 가지고 있던 고정관념에 대해서도 다시 돌아보게 해주는 존재입니다. 그저 아르바이트로 시작한 윤카페에서 나 자신의 세계가 넓어지는 많은 경험을 얻고 있습니다. 2022년 1월 4일의 인스타 제목이었던, '주부 한정 모집' 공고를 올려준 윤 상에게 진심으로 감사를 전하고 싶습니다.


카오리 씨의 말처럼 나는 손님으로든 직원으로든 한국어 교실 수강생으로 오는 분이든 모두가 윤카페를 알기 전보다 자신의 세계가 더 넓어지는 경험을 하기 바란다. 특히 주부들이 자신만의 시간과 세계를 좀 더 공고히 다지기를 바란다. 그러기 위해서는 경제적인 자유가 필요하다. 육아와 가사 외에 비는 시간을 활용해서 아이들 학원비 정도를 버는 것에 만족하지 않고 경제적인 자립을 위해 다양한 방법을 시도했으면 좋겠다. 아르바이트에 그치지 않고 책임감을 가지고 프로답게 일을 하는 사람이라면 시급의 단위를 떠나 원하는 만큼 급여를 지불할 준비가 되어 있다. 그럴 여유가 있는 가게를 만들기 위해 지난 3년 동안 노력해 왔다.

마침 그런 나의 의도를 꿰뚫기라도 한 듯 20대 후반의 젊은 여성이 우리 가게를 찾아왔다. 곧 문을 닫을 시간이라 퇴근 준비를 하고 있을 때였다. 여러 번 왔었는데 그때마다 문이 닫혀 있어 그냥 돌아갔다고 한다. 잠깐 앉아 이야기를 들어보니 우리 가게에서 정직원을 뽑지는 않는지, 긴 시간 풀타임으로 일하고 싶은데 언제쯤 직원 모집을 하는지 궁금해했다.

이렇게 시작되어 지금 우리 가게에서 수습 직원으로 일을 배우고 있는 그녀의 이름은 마코토. 젊고 아름다운 데다 한국어 회화까지 수준급이다. 혼자서 독학으로 오래 공부했단다. 게다가 하코네 온천 료칸에서 정직원으로 오래 근무한 경력이 있는 베테랑이다. 아! 이런 능력 있는 사람이 제 발로 찾아오다니! 채용 안 할 이유가 없지 않나. 경력직 사원답게 마코토 짱은 일을 시작하자마자 프로다운 기운이 넘쳤다. 그뿐 아니라 빠르고 정확하고 친절하기까지.

일 잘하는 사람과 같이 하나의 팀을 이루어 일할 때는 우리가 꽤 괜찮은 사람, 멋있는 사람처럼 느껴진다. 힘든 순간이 많아도 하나씩 잘 이겨내고 버티다 보면 어느새 그 분야에서 프로가 되어간다고 느끼는 순간을 맞이하게 된다. 또한 일에서 자신감을 얻고 나면 자존감도 따라 올라가게 된다.

나는 그녀에게 매달 받고 싶은, 필요한 급여를 물었고 그녀는 자신이 생각하는 액수를 제안했다. 한 달 수습 기간이 끝난 뒤부터는 서로 약속한 급여로 일하게 된다. 사실 대부분의 일본 음식점은 직원들이 원하는 근무 일수만큼 일하기가 쉽지 않다. 몇몇 베테랑 직원에게 모든 근무일을 몰아주기 때문에 한 달 일한다 해도 겨우 몇 십만 원 정도밖에 받지 못한다. 그러니 비정규직으로 일하는 여성들 대부분은 생활이 불안정할 수밖에 없다.

안정된 근무 환경과 급여가 보장된 일터에서 안심하고 멋있게 일하며 자신의 경험과 경력을 쌓을 수 있도록 윤카페는 노력할 것이다. 나도 그 속에서 더 많이 성장하고 싶다. 지속 가능한 가게를 위해 매출을 안정적으로 유지하고 조금씩 늘려가는 일이 무엇보다 중요하다. 올해는 좀 더 다양한 시도를 하며 목표 매출액까지 도달하는 게 과제다.

# 음식으로 언어와 문화를,
# 삶과 삶을 잇는 윤카페

　외국 살이가 너무 길어지면 정신적으로 힘든 시기가 찾아온다. 두 언어와 문화의 경계에 서 있는 자신의 정체성에 대한 고민도 생기고 어느 쪽에도 완전히 속하지 못한다는 열등감과 불안감도 점점 깊어만 간다. 나도 20년 넘게 살면서 여러 번 고비를 넘겼다.

　지금 일을 하면서 가장 고마운 것은 한국과 일본 사이에서 경계인으로서 살아온 나의 경험을 200퍼센트 활용할 수 있다는 점이다. 한국에서 30년, 일본에서 20년을 살며 많은 것들을 느끼고 경험했다. 한국과 일본은 아주 가깝고 서로를 많이 아는 것 같지만 사실은 그렇지 못한 부분이 아직 너무 많다. 마치 듬성듬성 엉성한 바느질로 이어진 듯한 관계여서 수많은 틈 사이로 바람이 숭숭 새어 들어와 가까워질 만하면 벌어지기를 반복하는 관계처럼 느껴진다. 그렇게 벌어진 부분들을 야무지게 다시 꿰매고 제대로 이어주는 역할을 하고 싶다. 서로를 이해하는 폭이 넓어지게 되면 오해와 갈등 상황에서도 관계 회복이 쉬워질 수 있다.

2022년 11월. 코로나가 겨우 완화되어 한일간 비자가 면제된 뒤 책구름 편집장과 지인들이 윤카페를 찾았다. 가장 큰 목적은 책 출간을 앞두고 원고를 검토하기 위한 것이었지만, 이 기회를 이용해 '한일 교류회' 시간도 마련해보았다. 윤카페의 한국어 교실 수강생들과 직원들이 주로 참여했는데, 하야시 아키코의 그림책 《우리 친구하자》를 슬라이드로 함께 보았다. 소통, 친구가 된다는 것, 만남과 인연에 대한 이야기, 서로 다른 문화에 대한 이야기… 한국어와 일본어로 나누는 꿈같은 시간이었다.

그리고 이날은 베트남 요리와 한국 요리를 콜라보한 이벤트도 있었다. 베트남의 쌀국수와 월남쌈, 한국의 김밥과 치킨이 한 접시에 담겼다. 요리를 도와준 베트남 친구는 일본에 살면서 알게 되었다. 한 달에 한 번 정도는 브런치로 세계의 가정 요리를 제공하는 게 나의 꿈이다. 외국인 주부 친구들이 윤카페의 1일 쉐프가 되어 모국의 요리를 만들어 제공할 수 있는 시스템을 만들어보고 싶다. 나같이 전업주부로 있던 외국인들이 사회로 한발 내딛는 데 디딤돌 같은 역할을 하고 싶다. 여성들이 안전하고 즐겁게 자립할 수 있는 시작을 도와주고 싶다. 내가 돈을 많이 벌고 싶은 가장 큰 목표는 바로 이것 때문이다. 지금은 내가 조합원으로 있는 생협의 운영위원회가 회의 때마다 우리 가게 2층을 빌려 사용한다. 회의가 끝나면, 카페에서 식사를 하고 도시락도 주문해서 가는 회원들이 많다. 생협은 좋은 먹을거리가 많지만 한국 음식 종류는 아직 다양하지 않아서 우리 가게에 오면 다른 데서는 먹을 수 없는 메뉴들이 많다며 좋아하신다.

긴 시간 언어와 책과 연관된 일을 해오던 내가 음식이라는 분야에 뛰어든 이유는 바로 이것이다. '누구나 먹는다'는 것. 음식은 언어보다 때론 더 강력한 힘을 발휘한다. 먹는 것으로 먼저 마음의 빗장을 풀고 다른 나라의 문화 속으로 스며든다. 한국과 일본 외에도 세계 여러 나라의 음식과 문화를 그리고 언어를 윤카페에서 즐길 수 있는 미래를 나는 꿈꾼다. 1월은 대만, 2월은 태국, 3월은 이탈리아, 4월은 핀

란드…. 1년치 세계의 가정 요리 브런치 일정이 쓰인 윤카페의 달력, 생각만 해도 즐겁다.

작년부터는 단체 도시락 주문이 자주 들어오고 있다. 그중 카페에서 15분 정도 거리에 있는 드라마와 영화 촬영장도 단골이다. 한번은 꽤 디테일한 도시락 주문이 들어왔다. 김밥을 영화 촬영 소품으로 쓸 예정이니 촬영용으로 여러 개를 만들어달라는 것이었다. 그것과는 또 별도로 스태프용 도시락으로 100개 정도 더. 다른 스튜디오에서 20~30개 정도의 도시락 주문은 간간히 있었는데 어떻게 입소문이 난 모양이었다. 기회는 예고 없이 찾아온다. 가게 일을 하면서 매일 다짐하는 게, 어떤 상황이든 유연하게 순발력 있게 대처해야 한다는 것이다. 어떤 일이든 일어날 수 있고 그럴 수 있지, 하고 받아들이지 않으면 자신만 힘들어진다.

대량 주문이 들어오면 기뻐야 할 텐데 걱정과 흥분이 뒤범벅되어 밤잠을 설쳤다. 아침 일찍 깨서 가게에 도착하니 새벽 6시. 평소에는 이쁘기만 하던 당근들이 긴장 탓인지 쳐다보니 한숨만 나왔다. 실수하면 어떡하나, 직원들이 잘 해낼까, 약속 시간에는 잘 맞출 수 있을까, 양이 많은데 일정한 맛이 나게 만들어야 할 텐데. 이럴 땐 정말 신경이 예민해져서 직원들의 사소한 실수와 머뭇거림에도 화가 난다.

기회를 내 것으로 만들 수 있으려면 평소에 준비가 잘 되어 있어야 한다. 얼마나 준비가 되어 있느냐에 따라 성공과 실패가 가름된다. 영화 촬영장에 보내는 도시락은 약속 시간보다 조금 늦어지긴 했지만 완벽에 가깝게 완성되었다. 촬영용으로 쓴다던 김밥은 어떻게 클로즈업되어 찍혔을까. 앞으로는 또 어떤 기회가 찾아올까.

윤카페가 단순한 한국 음식점에 그치지 않는다는 걸 이제는 많은 사람들이 알아서일까. 손님들의 제안과 요구가 다양하다. 한국 책을 판매해달라거나 한국 여행 패키지 상품을 기획해달라거나, 한국 노래를 배우고 싶다는 등… 아마 윤카페가 몇 년이 더 지나면 민간 한국문화원 같은 역할을 하고 있지 않을까. 일본인 손님뿐 아니라 한국인 손님들도 특별한 주문을 하시는 분들이 많다.

한국인 단골 손님 중에 어린아이를 데리고 오시는 주부 세 분이 있다. 전날에 항상 미리 전화로 예약을 하시는데 탕수육을 꼭 주문하신다. 탕수육은 우리 가게에는 없는 메뉴인데 너무 먹고 싶다며 부탁을 하셔서 이분들만을 위해 만들게 되었다. 나도 그럴 때가 많았다. 한국에서는 자주 즐기지 않았는데 짜장면이나 탕수육이 견딜 수 없을 만큼 먹고 싶을 때가 있다. 나는 집에서 엄마가 만들어주던 탕수육처럼 신선한 돼지고기를 썰어 녹말물에 반죽해 깨끗한 기름에 깔끔하게 튀긴다. 소스는 새콤달콤하게 만들어 예쁜 접시에 담아낸다. '부먹이냐, 찍먹이냐', 한국 사람들끼리만 통하는 수다를 떨며 손님들을 대접하는 시간이 즐겁다. 내가 조금 바쁘고 힘들어도 한 가지 메뉴를 위해 일부러 우리 가게를 찾아오는 단골손님들에겐 꼭 만들어 드리려고 노력한다.

또 하나, 불과 며칠 전에 있었던 일이다. 중년 여성 손님한 분이 오셔서 점심을 드신 뒤 계산을 하시면서 이야기를 꺼내셨다. 우리 가게 구석구석에는 한국 그림책이 많이 놓여 있는데, 자신의 딸이 이 그림책들을 보다가 한국어에 관심을 가지게 되어 독학을 하게 되었단다. 우리 가게에 처음왔을 때 고등학생이었던 딸은 지금은 대학생이며 한국어를 꽤 잘하게 되었다고. 앞으로는 한국으로 유학을 가거나 한국어로 할 수 있는 일을 장래희망으로 가지고 있는데 이게다 윤카페 덕분이라며 인사를 열두 번도 더 하셨다. 함께 이야기를 듣던 나도 직원도 뿌듯한 하루였다. 누군가에게 하나의 계기와 시작되는 힘을 지닌 공간을 운영한다는 건 큰 자랑이다.

외국에 대한 정보가 넘치는 시대가 되었지만 한국과 일

본 사람이 개인적으로 직접 만날 수 있는 기회는 그리 흔하지 않다. 한 사람이 한 나라를 대표할 수 없다는 걸 너무 잘 알지만, 그래도 우리는 단 한 사람으로 그 나라를 느끼고 판단하게 된다. 그러니 진심으로 매순간 노력하는 수밖에 없다.

한국과 일본의 좋은 면들을 좀 더 많은 사람들이 나눌 수 있는 있는 기회를 윤카페는 앞으로도 다양한 방법으로 기획할 것이다. 곧 다가올 윤카페 3주년 이벤트로 한국어 교실 수강생 자녀의 바이올린 연주를 준비하고 있다. 인스타 라이브로 한복을 입은 일본인 여고생의 연주를 들을 생각을 하면 너무 기쁘다. 출신 국가에 관계없이 윤카페에서 모두 함께 즐기고 삶을 나누는 일이 일상이 되기를 진심으로 소망하고 있다.

## 코로나와 고물가 시대에
## 가게를 운영한다는 것

수십 년간 저성장 시대였던 일본은 2022년 말부터 갑작스럽게 물가가 오르기 시작했다. 전기와 가스 같은 광열비는 모두가 깜짝 놀랄 만큼 올랐고, 식재료는 어느 품목 할 것 없이 앞다투어 경쟁을 하듯 가격이 올랐다. 2023년 올해도 이런 추세가 계속 이어질 거라 하니 가정 경제는 물론 가게를 운영하는 사람들의 한숨이 점점 깊어지고 있다. 오죽하면 지난 크리스마스 때 케이크 주문이 많이 들어올수록 걱정이라며 빵집 사장님들이 고민할 정도였을까. 많이 팔아도 비싼 재료비 탓에 남는 게 별로 없기 때문이다.

올해부터 우리 가게도 각 메뉴마다 조금씩 가격을 올렸

다. 조금은 안심이 되긴 하지만 그래도 걱정은 남는다. 광열비와 식재료는 물론 도시락 용기나 각종 테이크아웃 용기, 소소한 물품들까지 비용은 점점 늘어만 간다. 기존 단골손님들에다 새로운 손님들 매일매일 꾸준히 늘고 있지만 드는 비용이 점점 늘어나니 장보기가 겁난다. 이런 시대일수록 내가 가장 잘할 수 있는 것을 먼저 적용해보기로 했다. 내가 가게 운영에서 가장 관심과 정성을 쏟는 것은 매출이 얼마인가보다 쓸데없이 새는 비용을 적절히 통제하는 것이다. 폐기되는 식재료와 잔반, 불필요한 인건비를 최대한 줄여나갔다.

직원들도 놀라고 나도 아직까지 놀라는 일 중의 하나는 윤카페가 '잔반 없는 가게'라는 사실이다. 반찬은 정말 거짓말처럼 남기는 경우가 거의 없고, 연세가 많으신 분들이 가끔 밥이나 찌개 국물을 조금씩 남기는데 이것도 한 달이 아닌 1년에 몇 번 손꼽을 정도다. 화학조미료를 쓰지 않고도 맛있게 만들고, 한국 사람들이 보기엔 소꿉장난처럼 보일지 모르지만 양도 먹을 만큼만 적당히 낸다(이건 일본이기에 가능한 일이기도 하다). 폐기되는 식재료가 없도록 알맞은 양의 재료 손질과 준비를 하고, 번거로워도 늘 신선한 재료를 넣기 위해 고기도 되도록 냉동이 아닌 생고기를 쓰고 있다. 나물과 전, 잡채도 매일 아침 새로 만든다. 그날 만든 게 다 팔리면 일찍 문을 닫는다.

한번은 남은 잡채를 활용할 수 있는 방법이 없을까 생각하다 춘권피에 말아 냉동해 두었다가 튀겨서 사이드 메뉴로 내니 이게 또 의외로 인기였다. 그 뒤부터 잡채는 한 가닥도 남김없이 모두 다른 요리로 변신해 맹활약 중이다. 김치는 국물 한 방울, 고춧가루 한 톨도 놓치지 않고 모두 찌개에 넣어 활용한다. 과장이 아니다. 김치통에 남은 국물, 건더기도 내겐 귀한 요리 재료들이다.

이렇게까지 아껴서 내가 하고 싶은 건 뭘까. 백화점에서 파트타임으로 일하며 다짐한 게 있다. 아무리 콘셉트가 좋은 가게, 창업자의 기가 막힌 기획으로 성공한 가게라 해도 가장 중요한 것은 사람이다. 내가 가게를 하게 된다면 혹 적자가 되는 한이 있어도 일하는 직원들을 가장 소중하게 여기겠다고 마음먹었다. 음식점이 제대로 성공을 거두지 못한 채 끝나는 이유 중 하나가 직원들을 홀대하고 일시적인 부품처럼 다루기 때문이 아닐까 생각했다. 그래서 처음 오픈할 때부터 지금까지 어떤 가게보다 시급이 높다. 도쿄도의 법적 시간당 임금은 현재 1072엔인데 윤카페는 초보 아르바이트 직원이라도 첫 달부터 1150엔을 받는다. 1년 이상의 베테랑 직원은 1,200엔 시급을 받고 있다. 수익이 오르면 가장 먼저 사람에게 쓴다. 그래야 지속 가능한 가게가 될 수 있다고 믿는다.

코로나와 함께 문을 열고도 3년을 버틸 수 있었던 건 지금까지 갈고 닦아왔던 소중한 삶의 기술들 때문이었다. 코로나가 심각해질 때면 매장 내 손님이 확 줄어드는 대신 테이크아웃과 배달 주문이 늘어난다. 또 코로나가 잠시 잠잠해지면 가게 안이 손님으로 북적댄다. 상황이 어떻게 변해가든 다양한 판매 방식을 갖추는 게 중요하다. 앞으로 우리 가게의 과제는 지금까지 구축한 이 다양한 판매 방식을 좀 더 단단하게 다져가는 일이다.

가장 중요한 것은 손님, 소비자와의 신뢰라고 생각한다. 돈 쓰기에 민감해지는 시대일수록 '안심하고 돈을 쓸 수 있는 가게'가 필요하다. 카페와 음식점은 이미 레드오션이라지만 내가 보기엔 오히려 블루오션 같다. 가게는 많다. 그러나 꼭 가고 싶은 가게는 손을 꼽을 정도다. 바로 거기에 가능성이 있다.

어떤 터닝 포인트에 사회가 변해가는 기류가 있다. 그때 그 사회가 필요로 하는 무언가를 펼치면 그게 바로 돈이 벌리는 일이 된다. 그 타이밍이 중요하다.

코로나와 고물가 시대에 가게를 운영한다는 것

한 레스토랑 오너가 이런 말을 했다. 음식점이야말로 정말 똑똑해야 할 수 있는 일이라고. 경제와 문화, 미적 감각, 인간관계, 사회 변화를 민감하게 읽어내는 감각, 이 모든 능력이 총체적으로 필요한 직업이 음식점 일이라고. 경험해 보고 나니 너무 매력적인 일이다. 물론 그만큼 힘들다. 하지만 힘든 만큼 배우고 그만큼 내가 성장한다. 코로나와 고물가 시대에도 내가 가게 일을 계속하고 싶은 이유다. 멋지게 해서 큰 판을 한번 벌여보고 싶다. 나의 50대와 함께.

# 취업보다 창업을 꿈꾸는
# 당신에게

취업을 해서 많든 적든 꼬박꼬박 나오는 월급을 받으며 일하는 게 잘 맞는 사람이 있는가 하면, 조금은 다른 성향을 가진 사람도 있다. 나는 후자에 속한다는 걸 뒤늦게 깨닫게 되었지만 사는 동안 한 번쯤은 작은 규모로라도 창업을 경험해보기를 권하고 싶다. 결과가 어떻든 그 과정에서 배우는 것이 참 많기 때문이다. 무엇보다 그동안 몰랐던 나 자신의 성향에 대해 아주 구체적으로 알게 된다.

만약 자신의 성격 유형이 ENTJ(외향적, 직관적, 논리적, 계획적)라면 사업가가 딱 제 옷을 입은 듯 잘 맞을 것이다. 부정적인 상황에서도 강한 모습을 보여주는 이 유형의 사람들은 어떤 벽에 부딪히더라도 좌절하지 않고 그 벽을 넘어서려 하고 좋은 결과를 만들어낸다고 한다. 창업의 과정을 통해 자신이 가진 잠재력을 최대한 발휘하고 또 발견하는 소중한 기회를 얻게 될 것이다. 나이는 상관이 없다. 청년이든 중년이든 노년이든 각 세대만의 장점이 다 있다.

요리 블로거로 유명하신 '꿈꾸는 할멈'이란 분은 60세에 블로그를 시작하고 70세에는 유튜브도 시작했다. 요리책도 여러 권 발간했고, 인스타를 보니 요즘은 프랑스를 여행하시는지 감각적인 사진들이 매일 올라온다. 따뜻하고 정갈한 이분의 글과 요리들을 보며 나도 도움을 많이 받았다. 그러니 나이 때문이라고 망설이는 분이 있다면 이분의 글을 꼭 찾아보기 바란다.

가게를 막상 시작하고 나니 요즘 친하게 지내는 지인들은 죄다 카페나 빵집, 레스토랑을 하는 사람들이다. 우리 지역에서 꽤 유명하고 야무지게 운영을 해가는 좋은 가게들이 많다는 게 놀라웠다. 대부분 작은 가게들이지만 나름 팬층을 두텁게 보유하고 있어 무척 부러웠다. 참 재미있는 건 나의 에세이 《아날로그로 꽃피운 슬로 육아》에서 내가 좋아하는 동네 가게로 소개한 이탈리아 레스토랑 '루체'의 주인과 아주 친한 사이가 되었다는 사실! 나에겐 연예인 같은 분인데 같이 식사도 하고 좋은 정보도 알려주고 용기도 북돋아준다. 나는 이제야 제대로 잘 알 것 같다. 좋은 삶을 사는 좋은 사람이 좋은 가게를 만든다는 것을. 그리고 그런 가게는 어떤 위기에도 살아남아 생명력을 유지하고 있다는 사실을. 그러니 책을 쓰고 싶거나 가게를 열고 싶다면 자신의 삶을 먼저 잘 사는 것이 중요하다.

한편 정부나 지역 센터가 무료로 제공하는 창업지원 제도도 적극적으로 활용하며 하나씩 찾아보고 준비해가는 과정에서 배우는 것이 많을 것이다.

**15분 청소, 15분 글쓰기의 힘**

일본에는 '학습 타이머'라는 게 있다. 효율적인 시간 관리와 집중력을 높이기 위한 도구인데 장시간은 물론 분초 단위까지 시간을 다양하게 설정할 수 있다. 주로 일과 학습의 능률을 올리기 위해 사용한다. 처음에는 간단한 숙제 하나를 마치는 데도 긴 시간을 소모하는 아이들을 위해 사용했다가 언젠가부터 내가 설거지 할 때나, 청소할 때 사용해보니 의외로 효과가 커서 지금 가게 일을 할 때도 활용하고

취업보다 창업을 꿈꾸는 당신에게

있다.

어떤 작업을 하는가에 따라 시간 설정은 달라지지만 내 경우엔 15분이 가장 효율적이었다. 무슨 일이든 15분을 넘기면 집중력이 떨어지고 그 일이 싫어질 가능성이 높아지니 15분이 딱 적당했다. 청소할 때 15분 타이머를 눌러두고 그 시간 안에 다 끝낼 수 있을 만큼만 하게 되면 힘도 덜 들고 짧은 시간에 꼭 필요한 공간을 집중적으로 끝낼 수 있어 좋다. 설거지도 그릇의 기름때 등을 미리 제거한 뒤 물에 불려 단숨에 닦아 씻어내면 물과 시간을 함께 절약할 수 있다. 할 일을 얼른 해치우고 난 뒤 빈둥댈 때면 너무 행복하다.

15분 타이머 활용이 가장 즐거울 때는 글을 쓸 때다. 글쓰기는 의외로 긴 시간을 들이고도 한 줄도 제대로 못 쓰고 끝날 때가 많다. 그러고 나면 글쓰기에 대해 두려움과 망설임이 생긴다. 15분 타이머를 설정해두고 아주 짧은 글이라도 15분만 쓰고 끝낸다는 마음으로 임하면 글쓰기 효율을 극대화할 수 있다. 많은 사람들이 가게 일을 하면서 글은 언제 쓰냐며 놀라곤 한다. 15분 글쓰기 시간을 활용하면 짧은 시간 안에 내가 하고 싶은 이야기가 무엇인지 정확하게 전달하는 연습을 하게 되어 글쓰기에 임하는 마음이 훨씬 즐거워진다. 가게 일을 하는 중에도 오늘은 이런 이야기를 써야지, 하며 미리 내용을 정해 간단하게 메모해 두기도 한다. 원고 마감이 임박했을 때는 주방 구석에 노트북을 켜두고 5분, 10분 짬이 날 때마다 몇 줄씩 썼다.

일을 하며 바빠지다 보니 돈보다 훨씬 중요한 것이 시간이란 생각이 든다. 시간은 우리 인생에서 한정된 자원이고 시간 사용법은 자신의 생명을 사용하는 방법과 같다. 무의미한 수다로 흘려보내기 쉬운 한두 시간을 15분씩 나누어 사용하면 얼마나 많은 일들을 할 수 있는지 모른다. 매일매일 새로 만드는 윤카페의 요리나 재료 손질도 15분 간격으로 하나씩 만들어내도록 연습했다. 20년 살림을 하며 단련된 15분이 가진 효율의 힘이다.

집에서 카페까지는 전철로 정확히 12분이 걸린다. 이 시간을 나는 가게 인스타 피드를 올리는 데 쓴다. 잘 편집해서 올리려 애쓰다 보면 많은 시간이 걸리지만, 이 12분 안에 끝내자 싶어 시작한 것이 이제 매일의 일과가 되었다. 직원들과의 연락이나 전달 사항이 있을 때도 출퇴근 하는 12분 내에 해결한다. 바쁘니까 힘든 것보다 바쁘기 때문에 오히려 시간을 알차게 능률적으로 쓸 수 있다. 15분이 가진 힘, 효과. 나에게는 소중한 삶의 기술이자 자산이다.

취업보다 창업을 꿈꾸는 당신에게

## '일잘러'가 되려면

　일 잘하는 사람은 멀리서 걸어 들어오는 것만 보아도, 숨만 쉬어도 안다는 말을 들은 적이 있다. 유튜버 '이연'은 일잘러의 특징을 이렇게 설명한다.

1. 과하지 않다. 일 잘하는 사람은 뭘 해도 과하게 하지 않는데, 받아보면 항상 기대 이상이고 힘이 빡 들어가 밤을 새워 해온 느낌이 아닌데도 훌륭하다는 것이다. 그건 아마 힘 조절이 잘되는 사람이라서가 아닐까. 완급 조절이 잘되는 사람. 자기다운 효율성으로 일하면서도 완성도가 높고 담백하게 결과를 내는 사람이다.

2. 기한, 약속을 잘 지키고 여유 있게 일하며 자료 조사를 잘한다. 자기 일을 잘하는 사람들은 정보 하나를 얻더라도 자기만의 경로로 양질의 정보를 얻는다. 또 특이한 것이 조금 게으르기도 한데, 너무 성실하기만 하면 비효율적이기도 하고 큰 그림을 못 보게 되기 때문이다.

3. 항상 정확하게 한다. 메일을 잘 쓰고, 단순하고 명확하게 하고, 상대에게 요청하는 목적을 뚜렷하게 말한다.

일을 못하는 사람들은 반대로 복잡하게 일을 만들어
버린다.

4. 심플하게 한다, 복잡하지 않다. 어떤 복잡한 일을 받아
도 자기 체계를 세워놓고 그걸 소화해서 그 아웃풋을
전달해주는 사람이 진짜 일을 잘하는 사람이다.

정말 그렇다. 지금까지 많은 직원들이 우리 가게에서 일
을 하고 떠나갔지만, 나이와 성별과 상관없이 일을 잘하는
사람들은 그 방식은 조금씩 달라도 이런 공통점을 가지고
있었다. 아쉬운 건 이런 사람이 흔치 않다는 것이지만.

이연이 말한 '일잘러'의 특징도 '온리 원'의 의미와 비슷
하다. 자기 체계를 세워놓고 그걸 자기 식으로 소화한다는
게 그렇다. 똑같은 가게 일을 하는데도 어떤 직원은 쉴 새
없이 움직이는데 해놓은 건 별로 없어 효율이 떨어지는 사
람이 있다. 이런 사람은 보는 사람까지 힘들게 한다. 해야
할 일을 일일이 지시해주지 않으면 뭘 해야 할지 늘 불안해
한다. 그리고 시키는 일만 한다.

반면에 일머리가 있는 사람들은 그날그날의 가게 상황
을 빨리 파악해서 지금 필요한 일에 바로 착수한다. 스스로
일할 순서를 정하고 갑자기 손님이 찾아와도 여유 있게 대

취업보다 창업을 꿈꾸는 당신에게

처한다. 갑자기 주문이 몰려와 나까지 허둥지둥하면 차분하지만 빠른 움직임으로 "윤 상, 이것부터 먼저 하면 될 거 같은데요?" 하며 일의 순서를 제안한다. 뒤에서 온갖 맹수들이 쫓아오는 듯한 위급한 상황에서도 이렇게 차분한 판단을 했던 직원은 그때 겨우 대학 4학년생이었다. 지금은 중학교 영어교사가 된, 우리 가게의 역대급 알바생 '히토미 짱'! 지금도 그 친구와 일했던 시간들이 그립다.

어떤 일을 부탁해도 담담하게 '네! 알겠습니다' 하며 바로 행동을 시작하는 건 물론 그다음 일어날 상황을 여러 가지 가능성으로 예측해서 대처할 줄도 안다. 혼이 빠지게 바쁜 점심 시간이 지나고 늦은 점심을 직원들끼리 먹을 때도 언제 바쁜 일이 있었냐는 듯 느긋하게 밥을 먹는다. 열심히 일한 날은 디저트로 하겐다즈 아이스크림을 먹기도 하는데 히토미 짱은 이 짧은 시간에도 무라카미 하루키의 소설을 읽곤 했다. 어린데도 완전 멋있다. 그럼에도 재주가 있어서 우리 가게의 메뉴들을 일러스트로 그려주었다. 지금까지 메뉴판으로 쓰고 있고, 가게 명함으로도 활용하고 있다.

히토미 짱이 졸업할 때 얼마나 아쉬웠는지! 다른 알바생들이 질투해도 나는 그런 마음을 숨길 수가 없었다. 이제 우리 가게는 어떡하나. 그래도 사범대 공부를 다 마치고 공립

학교 교사가 되어 떠나는 거니까 축하해줘야지. 졸업하는 대학생 알바생들을 위해 작은 파티를 여는 날, 히토미 짱이 할 말이 있다며 손을 들었다.

"저한테 쌍둥이 여동생이 있는데요, 약대를 이번에 한 학기 휴학하게 돼서요. 윤카페에서 알바하고 싶다는데…."

'아니, 그런 애길 왜 이제야 하는 거야! 완전 땡큐지.' 그렇게 언니의 뒤를 이어 알바를 하게 된 유미 짱은 전형적인 이과 학생다웠다. 유미 짱이 일하는 동안은 우리 가게 메뉴의 레시피를 좀 더 체계적으로 만든 계기가 되었다. 김밥 밥에 들어가는 소금과 참기름의 분량을 밥 양에 따라 기록해둔다거나 호떡 반죽에 들어가는 물 양도 계절에 따라 조금씩 다르게 분석해본다거나…. 영문학을 전공했던 히토미 짱과는 주로 책 이야기를 많이 할 수 있어 즐거웠는데 유미 짱과는 또 다른 재미가 있어 좋았다. 이 쌍둥이 자매, 도대체 어머니가 누구니! 나중엔 이 친구들의 부모님과도 친해졌다. 지금도 가끔 식사를 하러 오신다. 능력이 있으면서도 겸손한 사람과 일한다는 건 얼마나 행복한 일인지, 가게 일을 하면서 절실히 느끼게 되었다.

50대에 일하면서 좋은 점은 지난 세월 동안 만나온 수많은 사람들을 겪어본 풍부한 경험 덕분에 어떤 성향의 사람

취업보다 창업을 꿈꾸는 당신에게

을 만나도 여유 있게 대할 수 있다는 것이다. 또 모든 부분에서 힘을 빼고 자연스럽게 일이 완성되어가도록 하는 요령이 생겼다는 점이다. 아이들도 어느 정도 자라서 내가 일에 집중할 수 있는 시간적인 여유가 넉넉한 것도 50대의 장점이다. 또 다른 면에선 아직 경제적인 지원이 필요한 10대 아이들이 있으니 돈을 벌어야 할 필요성과 의욕이 아직 왕성하게 살아 있는 때이기도 하다. 무엇보다 좋은 건 갱년기 후유증에 시달리거나 뒷방 늙은이가 되어가기 쉬운 나이에 매력적이고 다양한 사람들을 만날 수 있는 기회가 매일매일 주어진다는 사실이다. 그러니 40~50대가 되어서 시작하는 것이 오히려 장점이 될지도 모른다.

이렇게 매일 진화할 수 있다면 나이를 먹는 것은 전혀 두렵지 않다. 오래 살면 살수록 더 강해지고 똑똑해질 수 있다. 무엇보다 그렇게 되기 위한 시간도 우리에게 충분하다.
— 와다 히데키,《마흔, 혼자 공부를 시작했다》

# 창업은 나의 인간력을
# 극대화하는 과정

파란만장한 40대를 거쳐 카페 사장이 된 지금의 기분을 한 단어로 표현한다면 '뿌듯함'이다. 드라마 〈이상한 변호사 우영우〉의 마지막 장면에서 주인공이 외친 그 '뿌듯함'이란 단어. 기쁨이나 행복이 내게 우연히 찾아오길 기다린 게 아니라 스스로 찾아내서 내 것으로 만들어냈을 때만이 느낄 수 있는 감정이다.

이 책은 사람들이 속으로만 간직해온 해외에 사는 꿈과 사장님이 되는 로망이 한데 합쳐진 그야말로 비현실적인 이야기로 비칠지도 모르겠다. 하지만 현실이다. 그리 특별할 것 없는, 젊지도 이쁘지도 돈이 많지도 않은 내가 이루어낸 진짜 현실이다. 꼭 수십 억 수백 억씩 벌지 않아도 지금 내게 꼭 필요한 만큼 벌게 되면 삶은 이전보다 많은 것이 달라진다. 가게가 좋은 이유는 기반이 잡히고 나면 해를 거듭할수록 곱곱의 수익을 올릴 수 있다는 것이다. 매출의 편차도 일정하게 유지되고 꾸준하게 정년 없이 오래 할 수 있다. 자신의 노력에 따라 무한대로 성장할 수 있는 가능성이 있다는 것이 무엇보다 희망적이다. 물론 정반대의 결과로 망할 가능성도 얼마든지 있다. 하지만 그렇게 되도록 내버려 두지 않으면 될 일이다.

나한테 맞는 하나를 정하고 미친 듯이 몰입하는 그 시간이 우리를 경제적으로도 자유롭게 도와줄 거라 믿고 있다. 성공하고 싶다면 매일을 새롭게 살아야 한다고 누군가가 말했다. 어제까지 이룬 성공의 크기와 상관없이 오늘은 또 새롭게 시작하는 마음이 있어야 한다. 똑같이 반복되는 일에도 새로운 마음과 태도로 임하는 것, 매일매일 새로운 에너지를 가지고 나의 목표를 새로운 각도에서 바라보며 계속해서 목표를 향해 나아가는 것이 성공의 비결이라고 생각한다. 어제는 실수하고 실패했다 해도 오늘 다시 시작하면 된다.

이 책을 쓰며 20년 넘는 나의 일본 살이를 꼼꼼하게 돌아볼 수 있었다. 나의 지금 현재를 도와준 것은 나의 과거였고, 그리고 나의 현재는 또 나의 미래를 돕기 위해 노력하고 있다. 나의 과거와 현재, 미래가 사이좋게 군더더기 없이 내 삶 전체에 살아 움직이고 있다. 너무 아름답지 않은가! 내가 꿈꾸는 성공적인 삶이란 바로 이런 것이었다는 걸 이제는 알 것 같다. 사람이 살면서 하나씩 갖추게 되는 능력과 미덕, 부정적이고 긍정적인 모든 경험들이 하나로 통합되어가며 나의 인간력은 날마다 자라고 있다.

드라마 〈이상한 변호사 우영우〉에는 고래 이야기가 자주 등장한다. 고래는 자폐 스펙트럼 장애를 가진 주인공이 좋아하고 집착하는 대상이다. 드라마 속에서 큰 고래가 화면에 등장할 때마다 그 존재 자체가 가진 고유함, 독특함, 웅장한 자유로움이 떠오른다. 작은 돌고래조차 서식 범위가 평균 300킬로미터 이상이라고 하는데 20일이 넘는 시간 동안 무려 1000킬로미터나 이동할 만큼 그들의 삶에는 드넓은 바다가 꼭 필요하다고 한다. 그런 돌고래가 수족관에 갇혀 있으면 평생 깊은 잠을 자지도 못하고 계속 스트레스를 받으며 살아가게 된단다.

어릴 때부터 나이 50이 넘은 지금까지 나는 늘 무언가를 하고 싶어했다. 그 무언가에 몰두해 열심히 하면서도 더 나

창업은 나의 인간력을 극대화하는 과정

은 것이 없을까, 더 잘 수 있는 방법이 없을까, 찾고 생각하고 늘 실험해보고 싶었다. 고래들이 한계를 두지 않고 넓은 바다를 마음껏 헤엄치는 것처럼 나도 하고 싶은 일에 한계를 두지 않고 마음껏 깊고 넓게 파고들어 공부하고 일하고 싶었다.

그런 나를 주변 사람들은 늘 의아해했다. 쟤는 왜 저렇게 만족을 못할까, 혼자만 앞서간다, 서두른다, 욕심이 많다, 이상이 지나치게 높다, 비현실적이다, 엉뚱하다, 까다롭다…. 그래서 언제부턴가 나의 이런 성향을 들키지 않으려고 혼자 속으로만 꿈을 꾸고 이상을 키우며 이루고 싶은 것들을 몰래몰래 준비하면서 살게 되었다. 윤카페 역시 그렇게 준비해온 결과물이다.

이 책은 국제결혼 이후 낯선 문화와 환경 속에서 가족과 부모를 돌보고 집안일을 하며 나를 끊임없이 참고 희생해야 했던 30~40대 시절을 마무리하고, 비로소 나의 성장과 행복을 찾아 나선 이야기다. 3년이 다 되어가는 지금도 여전히 비현실적으로 느껴지는 해외 창업을 실현했다. 마음은 100킬로미터를 헤엄치고 다니고 싶은데 현실에선 언제나 작디작은 수족관, 아니 어항 속에 갇혀 있는 돌고래 같았던 전업주부 시대의 막을 '스스로' 내렸다. 그리고 이제, 카페 오너로서의 새로운 삶을 살고 있다. 나만의 '온리 원'으로 무언가 새롭게 시작하고 싶은 분들께 이 책이 작은 도움이라도 되었으면 한다.

　마지막으로 전하고 싶은 말은 윤카페 주방 냉장고에 붙어 있는 문구, "시작이 반이다!" 용기를 가지고 뭐든 일단 시작하시길!

## 기회는 찾아온다,
## 스스로를 믿고 기다린다면

내게도 기회가 찾아올까. 믿지 못하는 이들에게 드리고 싶은 마지막 이야기가 있다. 책구름출판사 편집장과는 한 신문사의 육아 사이트에서 육아 칼럼을 쓰는 멤버로 알게 되었다. 나의 첫 육아 에세이 《아날로그로 꽃피운 슬로 육아》를 출간했을 무렵이니 벌써 10여 년 전 일이다. 그는 배우자와 함께 1인 출판사를 막 꾸린 참이었다. 실제로 만난 적은 없지만 책 냄새, 여행 냄새, 사람 냄새 물씬 나는 그가 좋았다. 서로의 육아 칼럼을 읽으며 가끔 메일로 안부를 묻다가 신문사 육아 사이트가 문을 닫은 뒤로는 그마저도 끊긴 채 코로나 시기가 찾아왔다.

서로의 안부를 짐작만 하다가 작년에 우연히 인스타를 통해 그가 여전히 출판사를 운영한다는 걸 알게 되었다. 당장 DM을 보냈다. 그가 맞았다. 서로 시간을 맞춰 바로 전화 통화를 했고, 나는 다짜고짜 카페 이야기를 쓰고 싶으니 책을 출간해달라고 졸랐다. 어떻게 지내냐는 그의 물음에 윤카페 창업 스토리를 빠르게 쏟아냈다. 그는 '아날로그 부엌 육아의 확장판!'이라며 즐거운 비명을 꽥 질렀다. 내심 열정적이고 도전적인 그가 좋아할 만한 이야기라는 확신이 있었다. 육아와 직장 생활을 병행하면서도 책 만드는 일에 대한 꿈을 품고 하나하나 실행해가고 있는 그의 삶 역시 선배로서 대견하고 고마웠다. 정말 신기했다. 마치 나를 기다리며 출판 일을 유지해온 듯한 착각이 들 정도였다. 그는 반대 지점에서 나와 똑같은 생각을 했다고 한다. 내 책을 펴낼 수 있는 타이밍이 올 때까지 출판사가 기다려준 듯하다고.

기회는 언제, 어떻게 찾아올지 모른다고 앞서 여러 번 강조했다. 어쩌면 미래에 일어날 많은 일들이 지금 현재 속에서 구슬이 꿰어지듯 엮여가고 있는지 모른다. 내가 포기하지 않는다면, 끝까지 스스로를 믿고 기다린다면 수많은 기회들이 우리 곁에 다가올 것이다. 내가 윤카페를 시작한 것처럼, 책구름에서 책을 내게 된 것처럼.

점점 사는 게 힘이 드는 시대다. 그래도 찾고 찾으면 길은 다양한 형태로 우리 앞에 펼쳐질 거라 믿는다. 가끔 엄마, 아부지가 살아 계신다면 셋이서 같이 카페를 꾸리면 얼마나 좋았을까, 상상할 때가 있다. 엄마는 크고 작은 식물들을 아름답게 카페에 장식하고 맛난 반찬들을 수도 없이 만들어주셨을 텐데. 아버지는 청소 도구와 공구 상자를 들고 카페 안팎을 쓸고 닦고 고치며 온 정성을 쏟으셨을 텐데. 그렇게 우리는 완벽한 하나의 팀으로 일할 수 있었을 텐데….

나는 우리 직원들이 음식점에서도 인간다움과 품위를 잃지 않고 일할 수 있는 환경을 만들고 싶다. 일한 만큼의 충분한 급여로 안정된 현실과 희망적인 미래를 준비할 수 있기를 바란다. 나 자신도 그들과 함께 성장하고 더 행복해지고 싶다.

문득 그런 생각이 든다. 나는 어쩌면 돌아가신 엄마와 아버지가 이런 환경에서 일했으면 하는 마음으로 지금 가게 일을 하고 있는 건 아닐까 하고. 육체노동을 하는 사람들이 좀 더 안전하고 쾌적한 환경에서 일하고, 일한 만큼의 충분한 보상을 받아 그들의 아이들이 가난과 빚을 대물림 받지 않는 사회가 되었으면 좋겠다.

마스크를 잠깐 벗고 숨 쉴 시간도, 물 한 모금 마실 시간도 없을 만큼 가게 일이 바쁜 와중에도 주방 한쪽에 노트북을 켜두고 단 5분만 시간이 나도 얼른 앉아 글을 썼다. 이 책은 그렇게 완성되었다. 새로운 삶을 살고 싶은 사람들을 위해, 조금 더 나은 음식점 문화를 위해 이 책이 조금이라도 도움이 되었으면 한다.

돌아가신 부모님을 그리워할 때마다 드라마 〈눈이 부시게〉의 마지막 나레이션을 떠올린다.

내 삶은 때론 불행했고 때론 행복했습니다. 삶이 한낱 꿈에 불과하다지만 그럼에도 살아서 좋았습니다. 새벽의 쨍한 차가운 공기. 꽃이 피기 전 부는 달큰한 바람. 해질 무렵 우러나는 노을의 냄새. 어느 하루 눈부시지 않은 날이 없었습니다. 지금 삶이 힘든 당신. 이 세상에 태어난 이상 당신은 이 모든 걸 매일 누릴 자격이 있습니다. 대단하지 않은 하루가 지나고 또 별거 아닌 하루가 온다 해도 인생은 살 가치가 있습니다. 후회만 가득한 과거와 불안하기만 한 미래 때문에 지금을 망치지 마세요. 오늘을 살아가세요. 눈이 부시게. 당신은 그럴 자격이 있습니다. 누군가의 엄마였고 누이였고 딸이었고 그리고 나였을 그대들에게.

힘든 시절이지만 살아 있는 동안 나답게 후회 없이 한번

살아보자. 애쓰다 너무 힘이 들면 바다 건너 윤카페로 놀러
오면 된다. 당근나물과 호떡이 당신을 기다리고 있을 테니.

# 윤카페 '시즌 2'가
# 시작됩니다

이 책의 초고를 보낸 후, 약 6~7개월의 시간이 흐르는 동안 정말 많은 일들이 있었다. 결론부터 말하자면, 가게를 옮기게 되었다. 책 본문에도 나오는, 이전 주인이 남기고 간 자잘한 문제들로 부동산 업자와 나는 지난 3년 동안 끊임없이 신경전을 벌이고 있었다.

'냄새나는 것은 뚜껑을 닫는다'는 일본 속담이 있다. 우리 가게를 담당하는 부동산 회사도 그런 낡은 일본식 관념에 젖어 있다는 걸 최근에서야 깨달았다. 비합리적이고 부당한 것을 참지 못하는 나답게, 그 자리에서 가게를 옮기겠다고 선언해버렸다. 적지 않은 비용을 들여 재계약을 한 지

얼마 되지도 않았고, 가게도 점점 제자리를 잡아가는데 말이다. 하지만 가게 이전은 오래전부터 생각해오던 일이었다. 조금 더 윤카페다운 공간을 찾을 수 없을까가 나에겐 늘 화두였다.

하지만 이렇게 갑작스럽게 이사를 결정하고 나니 계약서 상으론 3개월밖에 시간 여유가 없었다. 3개월 안에 지금 가게를 싹 정리하고, 새 가게까지 찾아야 하는 것이다. 밤잠을 설치는 날들이 이어졌다. 영업을 마치면 지친 몸을 이끌고, 빈 점포들을 물색하러 다녔다. 마음에 드는 곳은 월세가 어마어마하고, 금방 이사갈 수 있을 만한 곳은 끔찍하게 지저분하고 조건이 안 좋은 가게였다. 구관이 명관이라고, 여러 곳을 돌아보고 나니 지금 가게의 좋은 점들이 다시 보이기 시작했다.

역에서 가깝다는 것, 1층과 2층을 통째로 쓸 수 있다는 것, 천장이 높고 입구의 큰 창 덕에 개방감이 뛰어난 점 등등. 자존심일랑 접어두고 부동산에 그냥 계속 있겠다고 할까, 어떻게 하나….

그렇게 불안과 걱정 속에 하루하루 아까운 시간만 지나던 어느 날. 나에게 또 한번 드라마같은 일이 일어났다. 그날도 영업을 마치고 새 가게를 보러 갈 약속이 있었던 날이었다. 오픈 때부터 3년 동안 매주 한 번씩 꼬박꼬박 테이크 아웃을 주문하는 단골 손님이 찾아와, 머뭇머뭇거리며 조심스럽게 이런 말을 건네셨다.

"혹시 윤 상이 싫지 않으면, 우리 가게로 이전하는 건 어때요? 권리금이나 보증금 그런 거 필요 없으니까 새 가게가 마음에 드는 곳이 없으면, 우리 가게로 와주면 너무 좋을 텐데."

귀를 의심했다. 내가 지금 무슨 말을 들은 거지? 우리 가게 단골 손님이기도 하지만, 그분은 자신의 자택 1층에서 카페를 운영하고 계신 오너다. 주 3회 점심시간만 영업하고 있는데, 윤카페와 콜라보로 운영해보는 걸 늘 꿈꿔오셨다고 한다. 그러니까 '한 지붕 두 가게'에 대한 제안인 셈이었다. 일본에서는 요즘 이런 가게들이 유행이라고 할까, 늘어나고 있는 추세. 한 가게에서 점심과 저녁 장사를 서로 다른 가게가 나누어 영업하는 곳도 많은데, 한 장소에서 다양한 음식을 즐길 수 있어 잘되는 곳이 많다.

며칠 동안 생각한 끝에, 그곳으로 옮기기로 마음을 정했다. 깨끗한 공간과 이미 다 갖추어진 카페 시설을 그대로 이용할 수 있다는 점, 월세를 비롯한 전체 비용을 대폭 줄일 수 있다는 점, 주 4일 영업으로 내 개인적인 시간 여유를 많이 확보할 수 있다는 점, 무엇보다 말과 생각이 통하는 오너와 함께할 수 있다는 점이 가장 큰 이유였다. 물론 의견 충돌이나 다툼이 있을 수 있다. 하지만 이제 나는 그런 것이 두렵지 않다. 상황이 바뀌면 사람의 마음도 변할 수 있고 선택도 달라질 수 있다는 사실을, 나는 있는 그대로 받아들일 수 있게 되었다. 그러니 그때는 또 그 상황에 맞게 판단하고 해결 방법을 찾으면 된다.

이렇게 윤카페는 2023년 가을부터 시즌 2를 시작한다. 더욱 작고 아늑한 공간에서. 이사를 앞둔 요즘 문득 떠오른 문구는 '계획된 우연'! 우연같지만 사실은, 오랜 시간에 걸쳐 구슬이 한 알 한 알 꿰어지듯 계획되어온 결과일지도 모른다는 것. 윤카페 시즌 2에는 더 풍성한 스토리들이 쏟아질 게 틀림없다. 그러니, 독자 여러분! 이 책의 후속편도 기대해주세요!